华信经管 创新系列

Practical Course for Entrepreneurship

创业之星实用教程

劳本信 □ 主　编
扈　瑜　李思捷
陈国安　潘　姝 □ 副主编

电子工业出版社
Publishing House of Electronics Industry
北京·BEIJING

内 容 简 介

本书综合运用管理学、企业战略管理、生产运作管理、市场营销、人力资源管理、财务管理、企业资源计划(ERP)等方面的专业理论与方法,从创业(商业)计划编制、创业(商业)计划执行和企业运营管理的角度,综合训练大学生的创业与运营管理能力。在结构上分为9章:第一章强调提升运营管理能力对成功创业的重要意义;第二章介绍创业计划书的基本要求与框架;第三章介绍了实验平台软件的登录方式、实验教学的进度控制和公司注册流程;第四章重点介绍如何编制企业运营方案(创业计划),并加以实训;第五章介绍企业运营管理的流程,并加以实操;第六章介绍如何进行企业经营绩效分析,并撰写实验报告;第七章介绍实验过程中的常见问题与解决方法;第八章介绍影响销售订单获取的因素,以便科学决策;第九章介绍三个实际运营案例,可为编制运营方案和参加竞赛提供借鉴。其中,第八、九章对"学创杯"参赛选手具有很好的参考价值。

本书可作为本科、高职高专经济管理类专业及其他专业基于"创业之星"软件的创业实训教材、企业运营管理综合实验教材,也可以作为"学创杯"大学生创业综合模拟大赛指导用书。

未经许可,不得以任何方式复制或抄袭本书之部分或全部内容。
版权所有,侵权必究。

图书在版编目(CIP)数据

创业之星实用教程 / 劳本信主编. —北京:电子工业出版社,2018.2
(华信经管创新系列)
ISBN 978-7-121-33420-7

I. ①创… II. ①劳… III. ①创新管理—高等学校—教材 IV. ①F273.1

中国版本图书馆 CIP 数据核字(2018)第 002196 号

策划编辑:石会敏
责任编辑:石会敏　　文字编辑:蔡馥羽
印　　刷:北京虎彩文化传播有限公司
装　　订:北京虎彩文化传播有限公司
出版发行:电子工业出版社
　　　　　北京市海淀区万寿路 173 信箱　邮编:100036
开　　本:787×1092　1/16　印张:9　字数:156 千字
版　　次:2018 年 2 月第 1 版
印　　次:2021 年 7 月第 6 次印刷
定　　价:29.00 元

凡所购买电子工业出版社图书有缺损问题,请向购买书店调换。若书店售缺,请与本社发行部联系,联系及邮购电话:(010)88254888,88258888。
质量投诉请发邮件至 zlts@phei.com.cn,盗版侵权举报请发邮件至 dbqq@phei.com.cn。
本书咨询联系方式:(010)88254537。

前　言

随着我国加快落实创新驱动发展战略，主动适应和引领经济发展新常态，"大众创业、万众创新"的新浪潮席卷全国。自 2013 年 5 月至今，中央层面已经出台了至少 22 份相关文件促进创业创新，这些文件正在转化为具体的政策措施，对创业创新起到了积极推动的作用。2016 年"两会"期间，"大众创业、万众创新"又一次作为"两会"热词在政府工作报告中被重点提及，开启打造 2016 年最强"双引擎"的大幕。

"大众创业、万众创新"是驱动经济转型发展的"双引擎"，而驱动"双引擎"运转的动力又源自创业创新型人才。有理想、有知识、有技术、有能力的大学生是创业创新力量中的主力军。对大学生加强创业教育是深化高等教育教学改革的必然选择，是落实以创业带动就业，促进高校毕业生充分就业的重要措施。

目前，国内的创业教育主要有三类：第一类是创业基础教育，侧重于介绍创业基础知识和运用案例进行励志教育，培育创业精神；第二类是以"挑战杯"创业计划大赛、"互联网+"大学生创新创业大赛、大学生创新创业训练计划项目为导向的创业计划设计与实践教育，侧重于创新创意实践，就一项具有市场前景的技术产品或服务，获得风险资本投资为目的，完成一份完整的创业计划书，或者开展创业实践活动；第三类是以"学创杯"大学生创业综合模拟大赛、全国大学生"用友杯"创业设计沙盘模拟经营大赛为导向的企业经营决策模拟综合实验教学，侧重于企业运营管理能力的训练。

本书是以杭州贝腾科技有限公司"创业之星——大学生创业综合模拟实验"为平台编写的，除了传统的企业注册流程、运营管理过程实验外，最大的亮点是将创业计划书与企业运营管理有机地结合起来，而不是单纯地撰写创业计划书或单纯地执行企业运营管理。计划工作是管理的首要职能，要做好企业运营管理工作，首先要充分考虑它的计划性，为此必须先编制完整的运营计划方案（创业计划书）；创业计划书的撰写必须充分考虑它的可行性、最优化，为此必须接受实践或实战模拟的检验。

本教程的重点、难点是第四章、第五章和第六章。

第四章在介绍企业运营规则和实验参数之后，重点讨论企业运营方案（创业计划书、商业计划书）的编制，但与"创业设计与实践"等课程不同的是，本教程的创业计划书编写及其教学重点不在于寻求项目的创意与市场的机会，而在于强调创业计划的可行性与最优化，学生不仅要根据市场需求预测编制好环环相扣的"销售量计划—产品研发计划—产能计划—市场开拓计划—广告促销计划—生产计划—人力资源计划—采购计划—销售收入计划—财务预算计划"，保证计划的协调性和资源的最佳配置，还要通过后面的运营管理实验环节去检验创业计划的合理性与科学性，并根据市场反馈进行修正。

第五章是企业运营管理实操，前面编制的企业运营方案要在这里付诸实施，既检验了运营方案编制的合理性与科学性，领会"计划"在管理职能中的重要地位，也训练了学生根据市场变化修正计划、调整策略的应变能力。学生模拟成立的公司要完成 6~8 个周期(根据课时量确定)的运营管理任务，包括市场预测、产品设计、产能建设、营销策略、销售管理、生产管理、采购管理、人力资源管理、投融资管理、成本核算、财务预算等业务环节，使学生的企业运营管理能力得到充分的训练，增强大学生的创业自信心。

第六章是企业经营分析报告，重点训练学生对经营结果的分析，并据此调整企业经营策略的能力。对抗结果不是实验教学的根本目的，能分析出原因和存在的不足并加以改进才是实验教学的最终目的。

本教程的第七章、第八章和第九章相当于附件，包括实验中常见的问题、销售订单分配的原理和三个实操案例。其中第八章从应赛的角度为参赛选手解剖"学创杯"大学生创业综合模拟大赛平台"创业之星"的产品评价计分规则、订单发放规则(以玩具行业为例)，参透这些原理将对控制费用、赢取订单、提高销售收入十分有利。

本教程是大学生创业计划能力、计划执行能力和企业运营管理能力训练的完美结合，有助于增强大学生的创业自信心和创业守业能力。本书可作为本科、高职高专经济管理类专业及其他专业基于"创业之星"软件的创业实训教材、企业运营管理综合实验教材，也可以作为"学创杯"大学生创业综合模拟大赛指导用书。

本教程由经济与管理国家级实验教学示范中心(广西财经学院)工商管理学院分中心的劳本信、扈瑜、李思捷、陈国安、潘姝五位教师编写，并由经济与管理国家级实验教学示范中心提供资助。

由于水平有限，本书有不妥之处，欢迎批评指正。

劳本信

广西财经学院工商管理学院

2017.9.10

课时建议

各章节课时分配＼总课时方案	24课时	36课时	48课时
第一章 创业与运营管理	1	2	2
第二章 创业计划书的基本框架	1	1	2
第三章 系统登录与公司注册	1	2	2
第四章 企业运营方案编制	4	6	8
试运营	2	4	4
第五章 企业运营管理实操	10	12	16
第六章 企业经营分析报告	4	6	8
第七章 实操常见问题	自学	自学	自学
第八章 销售订单分配原理	自学	1	1
第九章 实操案例	自学	自学	自学
总结	1	2	5

说明：企业运营管理实操的季度数（周期）可根据课时量灵活安排，例如，只运营 5 个或 6 个季度，不一定要做完 8 个季度。

目 录

第一章 创业与运营管理 ·· 1
  一、大学生创业表现 ·· 1
  二、大学生创业条件 ·· 2
    (一)大学生创业需要具备的条件 ·· 2
    (二)大学生创业所需条件的创造 ·· 3
  三、创业与运营管理的关系 ·· 4

第二章 创业计划书的基本框架 ·· 6
  一、撰写创业计划书的意义和要求 ·· 6
    (一)撰写创业计划书的意义 ··· 6
    (二)撰写创业计划书的要求 ··· 6
  二、创业计划书的基本框架 ·· 6
    (一)封面 ·· 6
    (二)计划摘要 ··· 7
    (三)正文 ·· 7

第三章 系统登录与公司注册 ··· 10
  一、管理员登录与创建教师 ·· 10
  二、教师端登录与创建班级 ·· 11
  三、学生端登录与用户注册 ·· 12
  四、教师端学生管理 ·· 13
  五、教师端实验进度控制 ·· 14
  六、学生端操作主界面 ··· 15
  七、学生端公司注册 ·· 16
    (一)初创企业注册流程 ··· 16

VII

　　　　(二)《创业之星》模拟公司注册流程……………………………………………16

第四章　企业运营方案编制……………………………………………………27
　一、基本环境假设………………………………………………………………27
　二、基本参数设置………………………………………………………………28
　　　(一)决策权限设置…………………………………………………………28
　　　(二)财务参数设置…………………………………………………………29
　　　(三)市场参数设置…………………………………………………………30
　　　(四)研发参数设置…………………………………………………………31
　　　(五)制造参数设置…………………………………………………………31
　　　(六)评价参数设置…………………………………………………………31
　三、企业运营规则………………………………………………………………32
　　　(一)市场营销渠道配置……………………………………………………32
　　　(二)消费群体配置…………………………………………………………32
　　　(三)产品设计参数配置……………………………………………………33
　　　(四)厂房参数配置…………………………………………………………33
　　　(五)设备参数配置…………………………………………………………34
　　　(六)资质认证参数配置……………………………………………………34
　　　(七)人力资源参数配置……………………………………………………34
　　　(八)原料参数配置…………………………………………………………35
　四、市场调查预测………………………………………………………………36
　　　(一)消费群体市场需求量预测……………………………………………36
　　　(二)消费群体可接受价格变化趋势………………………………………40
　　　(三)原材料采购价格变化趋势……………………………………………42
　　　(四)消费群体对资质认证需求趋势………………………………………42
　五、企业运营方案编制…………………………………………………………44
　　　(一)销售目标的确定………………………………………………………44
　　　(二)产品组合策略…………………………………………………………48
　　　(三)生产能力的确定………………………………………………………49
　　　(四)销售渠道策略…………………………………………………………50

(五)产品价格策略 ... 50

(六)广告促销策略 ... 55

(七)升级培训策略 ... 57

(八)财务预算检验 ... 58

(九)成本控制措施 ... 69

(十)风险防范措施 ... 70

第五章 企业运营管理实操 ... 72

一、实验步骤 ... 72

(一)决策阶段 ... 72

(二)交货与结算阶段 ... 73

二、操作指南 ... 75

(一)财务部业务 ... 75

(二)研发部业务 ... 76

(三)制造部生产业务 ... 77

(四)人力资源部业务 ... 82

(五)市场部业务 ... 85

(六)销售部业务 ... 86

(七)制造部交货业务 ... 88

(八)季度结算 ... 89

第六章 企业经营分析报告 ... 90

一、经营结果公布 ... 90

(一)综合表现分析 ... 90

(二)订单汇总分析 ... 91

(三)成品库存分析 ... 92

(四)产品评价分析 ... 92

二、部门查询与分析 ... 93

(一)财务部查询与分析 ... 93

(二)研发部查询与分析 ... 94

(三)制造部查询与分析 ... 96

(四)市场部查询与分析 ··· 96

(五)销售部查询与分析 ··· 97

(六)人力资源部查询与分析 ·· 98

三、总经理查询与分析 ··· 99

(一)管理驾驶舱 ·· 99

(二)经营状况查询与分析 ·· 99

(三)经营绩效查询与分析 ·· 99

(四)部门报告查询与分析 ·· 99

(五)决策历史查询与分析 ·· 100

四、实验报告 ··· 101

第七章 实操常见问题 ··· 103

一、登录注册问题 ··· 103

二、数据规则问题 ··· 103

三、研发设计问题 ··· 104

四、生产制作问题 ··· 104

五、市场销售问题 ··· 105

六、人力资源问题 ··· 106

七、公司融资问题 ··· 107

八、公司税费问题 ··· 108

第八章 销售订单分配原理 ·· 110

一、产品评价与销售订单的分配 ·· 110

(一)销售订单分配公式 ·· 110

(二)几点说明 ··· 110

(三)几个例子 ··· 110

(四)案例分析 ··· 112

二、产品设计对产品评价的影响 ·· 112

(一)品质型产品的设计 ·· 112

(二)经济型产品的设计 ·· 113

(三)实惠型产品的设计 ·· 114

三、产品报价对产品评价的影响 ··· 115
　　(一)品质型产品报价 ··· 115
　　(二)经济型产品报价 ··· 116
　　(三)实惠型产品报价 ··· 117

四、产品广告对产品评价的影响 ··· 117
　　(一)品质型产品广告 ··· 117
　　(二)经济型产品广告 ··· 118
　　(三)实惠型产品广告 ··· 119

五、销售能力对产品评价的影响 ··· 119
　　(一)品质型产品销售能力 ··· 120
　　(二)经济型产品销售能力 ··· 120
　　(三)实惠型产品销售能力 ··· 121

六、产品口碑对产品评价的影响 ··· 121
　　(一)品质型产品口碑 ··· 122
　　(二)经济型产品口碑 ··· 122
　　(三)实惠型产品口碑 ··· 122

第九章　实操案例 ··· 123
一、A 公司的实操案例 ·· 123
二、B 公司的实操案例 ·· 125
三、C 公司的实操案例 ·· 126

参考文献 ·· 129

后语 ··· 130

第一章 创业与运营管理

一、大学生创业表现

据《大学生创业调研报告》[①],大学生在创业方面表现出以下特点或趋势。

(1)81.5%的受访者对创业有兴趣,接近半数的受访者(占 49.1%)打算"自己创业"或"和朋友共同创业"。

但不同群体的选择存在差异,在校大学生更倾向于"到企业公司就业"和"继续学习深造",有固定工作和待业的大学生更倾向于"自己创业",而对于正在创业的群体则对当前的选择很坚定。

(2)"资金"、"人脉关系"、"市场环境"和"社会阅历",被认为是影响创业最主要的客观因素(分别为 83.3%、67.4%、47.0%和 46.1%);而"市场意识"、"创新精神"、"责任感"和"合作意识"被认为是影响创业最主要的主观因素(分别为 67.2%、51.0%、47.9%和 44.3%)。

(3)受访者希望能参加针对性强的创业指导课程学习,但他们之中仅有少数(占 11.1%)参加过创业辅导课程或创业大赛。

(4)"家庭"、"朋友"和"传播"对创业欲望的影响最大(分别为 30.0%、24.2%和 21.0%),来自校园的影响最弱(占 5.6%)。

(5)创业之前,条件准备是必需的,"社会历练"、"朋友资源"、"成功者经验"和"上网浏览信息寻找创业机会"是最被看重的(分别为 74.7%、63.6%、45.2%和 42.3%)。其中,在校大学生对到社会中历练更为渴望和重视。

(6)在规划未来的创业时,受访者的态度较为一致。创业领域选择方面,集中在"启动资金少,容易开业且风险较低的行业"和"自己感兴趣的领域"(分别为 39.6%和 37.3%);创业地区选择方面,46.2%的受访者选择"自己家乡";创业时机选择方

---

① 中国青少年网络协会、腾讯网、中国传媒大学调查统计研究所三家机构于 2011.1.7-2011.2.14 完成.

面，69.7%的受访者选择"工作 1~3 年后"；合作伙伴选择方面，集中在"志同道合者"或"有经验的人"（分别为 55.0%和 28.7%）。

（7）寻找启动资金时，更多的受访者将期待放在"合作伙伴"或"自己身上"（分别为 64.1%和 56.0%），"银行贷款"、"申请官方创业基金"次之（分别为 40.1%和 36.8%），而"吸引风险投资"和"向亲朋好友借钱"相对不那么重要（分别为 19.3%和 33.4%）。

（8）在谈及决定成败的内在因素时，"执行能力"、"市场调查能力"、"团队合作能力"和"创新能力"被提及得更多（分别占 55.1%、43.6%、43.3%和 42.2%）。

目前，大学生创业率和创业成功率的数据并没有权威发布，也没有统一的调查结果。关于大学生创业率有说不足 1%，也有说不足 5%；关于创业成功率有说不足 3%，也有说不足 10%。不管是哪一个数据，大学生创业率和创业成功率显然都不高。

从上面数据可以看到，大学生敢于创业的不多，成功创业的就更不多。所以，增强大学生创业自信心和提高大学生创业、守业能力是当前大学生创业教育的主要任务。

二、大学生创业条件

（一）大学生创业需要具备的条件

（1）资金。大学生创业选择的项目可大可小，但都需要一定的资金。大项目可能需要几百万，甚至上千万元的创业资本，适合那些具有竞争力专利技术的或有流量、有一定运作基础的项目，因为它们更有希望赢得风险投资基金的青睐。小项目可能只需要几万元，甚至几千元就可以启动，例如，摆一个蔬菜摊、水果摊，或者开一家蛋糕店、米粉店，再或者通过微信群、QQ 群、淘宝店卖自己做的酸辣凤爪、本地果蔬等。小项目创业同样可以做大文章，很多案例都是从这样的小项目做起的，逐步形成几十家连锁店、规模化的 APP 电子商务平台。

（2）技术。大学生不管选择什么样的创业项目都需要有一定的技术。只是有的项目对技术要求很简单，例如摆一个蔬菜摊、水果摊，只需要学会挑选、整理、保鲜等技术就行了。而有些项目对技术要求就高一些，目前很多大学生创业项目都与互联网有关，即互联网+，需要创业者具有一定的 IT 技术。

（3）经验。这个经验就是曾经有过与创业项目相关的工作经历。首先，有经验的创业者知道企业内部业务是如何运作的，以及外部供应链是如何建立起来的；其次，他们了解项目建成需要多少投入，对风险能有充分的识别与应对措施，等等。

(4)人脉。创业需要很多信息,例如从哪里进货更便宜,去哪里销售更好卖,大客户在哪里,更好的技术、设备、人才哪里有等,人脉广的人就更容易获得这些信息。创业可能会遇到很多困难,人脉广的人更容易获得帮助。创业需要合作,人脉广的人更容易找到合作者。

(5)勇气。创业虽然可能比就业更有机会早日解决财务自由和行动自由的问题,一旦成功无疑令人羡慕,但创业的前期是无比艰辛的,失败的风险也是很大的,如果没有十足的激情与勇气,是不敢轻易下海的,或者在遇到风浪时很难坚持下来。

(二)大学生创业所需条件的创造

(1)资金的解决途径。一是自有资本,例如自己先打工赚取创业所需要的资金,适合投资小的项目;二是股权资本,例如几个人合资创业,或者寻求天使基金、创投基金、风险基金、众筹等形式的投资;三是优惠债权资本,例如向亲戚朋友借款,申请大学生创业小额贷款、地方政府对扶持某些产业发展的优惠贷款;四是普通债权资本,例如银行普通贷款,解决资金短期急需还可以考虑信用卡支付、网络借贷(民间借贷)等。

(2)技术的解决途径。一是与技术人员组成团队,通常综合性大学更具有这方面的优势,管理、金融、IT 或其他专业技术人员共同组建的团队可以较好地解决技术问题;二是自学、培训或拜师学艺,适合一些对技术要求不高或传统技艺方面的项目;三是购买技术或技术外包,例如委托别人开发 APP 手机应用程序。

(3)经验的解决途径。一是大学期间积极参加社会实践、打假期工、课余时间从事一些商业活动或参加其他社会活动,有经历的人才敢于创业、善于创业;二是先就业,结合自己的创业计划,选择那些对创业有支撑作用的企业先工作几年,积累经验。

(4)人脉的解决途径。一是积极寻找信息,主动对接资源,人脉问题其实是解决信息的问题,现代社会不仅可以以传统的方式搭建人脉,更要学会以网络的方式对接资源;二是以价值说话,以互利共赢的模式寻求合作,只要你的产品能给生意伙伴带来利益,别人没有理由不与你合作,"没有永远的朋友,只有永远的利益"强调的就是只有互利共赢,合作才最长久。

(5)勇气的解决途径。一是家庭的支持与鼓励,父母不一定能在资金上提供多少支持,但态度上的支持对大学生创业更是勇气的来源;二是亲戚朋友的影响与支持,为什么浙江、福建一些地区的人创业欲望特别强,就是因为他们的亲戚朋友与邻居的成功创业激励着他们。他们有很多商会和民间组织，加入这些组织更能激发创业勇气；三是学校创业教育的影响，学校的创业励志教育、创业设计培训、企业运营管理模拟对激发大学生的创业激情、提高创业管理能力也有一定的帮助。

三、创业与运营管理的关系

在上面《大学生创业调研报告》总结的大学生创业特点及趋势中，第8条在谈及决定创业成败的内在因素时，很多的大学生都认识到"执行能力"、"市场调查能力"、"团队合作能力"的不足是导致创业失败最重要的几个因素，这些能力都是企业运营管理能力的重要内容。可见，加强企业运营管理能力的训练应列入大学生创业教育中，这是教育中不可或缺的重要组成部分。

运营管理是组织(包括工商企业、学校、医院、政府、军队等各种营利性组织和非营利性组织)正常运作的基本职能之一，是关于流程(工作过程)的管理，是对资源投入产品或服务产出的整个过程的管理。营利性组织关注的是工作过程中的低成本和高质量，而非营利性组织关注的是有限资源在工作过程中的低消耗和合理利用。两类组织关注的焦点同属于效率管理，即在同样资源投入的前提下尽可能扩大工作效果或在同样工作效果的前提下尽可能减少资源的投入。[①]

运营管理职能的本质是在投入转化为产出的过程中实现价值增值[②]，而且是最大可能的价值增值。ERP的本质也是强调在有限资源的情况下，通过计划的编制实现资源在生产、采购、销售等方面的合理配置，并有效地组织生产经营活动，力求做到浪费最少、利润最大。也就是说，无论是"ERP沙盘模拟实验"这门课程，还是"企业运营管理模拟实验"这门课程，它们都是旨在训练学生"以最少的投入赢得最大产出"的能力。要实现"以最少的投入赢得最大产出"这个目标，就必须均衡地、科学地配置好这个有限的资源。而要实现资源的科学配置，就必须先做计划，通过不断推演和完善，形成多个方案，从中选择最优方案。这里的计划或者说方案，最重要的就是现金流量预算表，即对创业项目未来几年的现金流量进行预算。对有限的资金，要保证"用足、用好"。"用足"就是不要让资金睡觉，要把每分钱都投到经济活动上去；"用好"就是要均衡配置资金，要保证销售与生产、生产与采购等各个环节的平衡，要保证资金链不

---

① 张林格，冯振环，王浩波. 企业运营管理[M]. 北京：首都经济贸易大学出版社，2006.
② [美]威廉·史蒂文森，[中]张群，张杰，马风才. 运营管理[M]. 北京：机械工业出版社，2012.

断裂。不能前面把资金用足了，后面的活动却没有开支了，许多企业就是因为资金周转不过来而破产的。

大学生创业的启动资金普遍较少，资源十分有限，属于小微企业的范畴，与"创业之星"虚拟的企业背景十分相似。为了确保创业成功，首先要学会编制创业计划，学会利用有限资源，学会有效组织生产经营活动，提高企业运营管理能力，包括前面提到的"执行能力"、"市场调查能力"和"团队合作能力"等。本教材以"创业之星"软件为实验平台，实验内容分为三个阶段：第一阶段是公司工商注册；第二阶段是公司运营方案；第三阶段是公司运营管理实务。

第二章　创业计划书的基本框架

一、撰写创业计划书的意义和要求

(一)撰写创业计划书的意义

1. 创业起点和基础

创业计划书是创业的行动导向与路线图，它可以引导创业者做好创业前的准备，并指导创业行动。

2. 一份优质的创业计划书是成功融资的敲门砖

有些同学撰写的创业计划书中项目的市场机会与投资回报本来很好，但市场评估、财务预算缺乏严谨的论证和充分的数据支撑，容易给人一种"想当然"、"拍脑袋"的感觉。只有有理有据的创业计划书才能赢得投资人或借款人的信心。

(二)撰写创业计划书的要求

一份好的创业计划书除了要重点关注市场机会分析(痛点分析)之外，还应做到以下几点。

(1)一般要制作3~5年以上的经营规划和财务预算。

(2)规划预算越周密，赢得创业投资或创业成功的可能性就越大。

(3)编制创业计划书一定要注意风险识别与防范。

(4)再好的创业计划书也需要在实践中不断调整。

二、创业计划书的基本框架

(一)封面

(1)公司名称。

(2)创业团队。

(3)联系方式。

(4)其他，例如可以设计公司LOGO等。

(二)计划摘要

计划摘要涵盖了创业计划的要点，以求一目了然，以便读者能在最短的时间内评审计划并做出判断。摘要的重点在于：(1)介绍本项目是做什么的，即用什么样的商业模式或产品服务，解决什么问题或要满足什么需求；(2)本项目已经取得的成效，预计能提供的利益；(3)本项目的亮点，例如团队能力的亮点、产品技术的亮点或商业模式的亮点等。

(三)正文

1. 公司介绍

(1)回答公司做什么项目，即简述企业要解决什么问题或要满足什么需求。

(2)回答解决方案是什么，即解释企业如何解决问题或如何满足未实现的需求。

2. 团队构成

介绍管理团队，包括他们的背景、技能等。如果有顾问，要简要介绍关键个人。如果团队有差距，说明如何弥补。

3. 实践程度

介绍本项目已有的基础，包括公司运行已经取得的成效或社会调研活动已经取得的成果。

4. 市场评估

描述行业背景和市场现状，分析市场痛点，把握市场机会，阐明目标市场；预测市场容量，最好能用充分的调研数据来分析市场现状、未来趋势和市场潜力；进行SWOT分析。具体可以分为四个部分。

(1)市场痛点分析与目标顾客描述。

(2)市场容量及其未来变化趋势。

(3)SWOT分析。依据本项目已有的基础、创业者经验能力、技术条件和资金人脉等其他资源，对公司与竞争对手的优劣势进行分析。

(4)预测本企业市场占有率。

5. 市场营销计划

描述市场营销策略，可以讨论营销流程（营销策划方案），还可以附上《消费者购买意愿调查报告》等材料。具体可以从 4P 角度进行规划。

(1) 产品策略。

(2) 价格策略。

(3) 通道策略。

(4) 促销策略。

6. 财务预算

对未来几年的现金流与收益进行计划，要强调本项目需要多少资金，如何解决，企业何时达到盈亏平衡，何时获利，未来的前景如何。最好能附上未来几年的现金流量预算表、预计损益表、预计资产负债表和盈利能力分析。具体可以从以下思路展开。

(1) 销售计划与现金回笼。

(2) 固定资产投资计划与费用开支。

(3) 生产计划与费用开支。

(4) 采购计划与费用开支。

(5) 人力资源计划与费用开支。

(6) 促销计划与费用开支。

(7) 财务计划（如何解决融资问题）与费用开支。

(8) 成本核算与盈利分析。

(9) 财务预算表。

7. 股权结构设计

如果是团队成员共同出资创建企业，或有其他合伙人，或有天使投资人，都需要在公司创建之时考虑清楚股权分配的问题，科学设计股权结构，明确合伙人的权、责、利，以实现公司和各利益相关者之间的共赢，使公司实现可持续发展。

8. 风险分析

(1) 关键风险分析包括财务、技术、市场、管理、竞争、资金撤出、政策等方面的风险分析。

(2) 提出如何避免风险或减少风险发生的概率。

9. 财务总结

这一部分将根据实际情况确定是否需要。如果是大学生参加创新创业类竞赛一般不需要这一章，只需在前面财务预算部分陈述一下如何解决融资问题就可以了，但如果是寻求风险投资就很有必要了。具体可包括三个内容：

(1)总体的资金需求，在这一轮融资中需要的是哪一级。

(2)如何使用这些资金。

(3)投资人可以得到的回报，还可以讨论可能的投资人退出的策略。

第三章　系统登录与公司注册

本章将介绍"创业之星"新版本"创业总动员"的系统登录与进度控制方式。

一、管理员登录与创建教师

(1) 启动系统(访问地址和端口向管理员要)(图 3-1)。

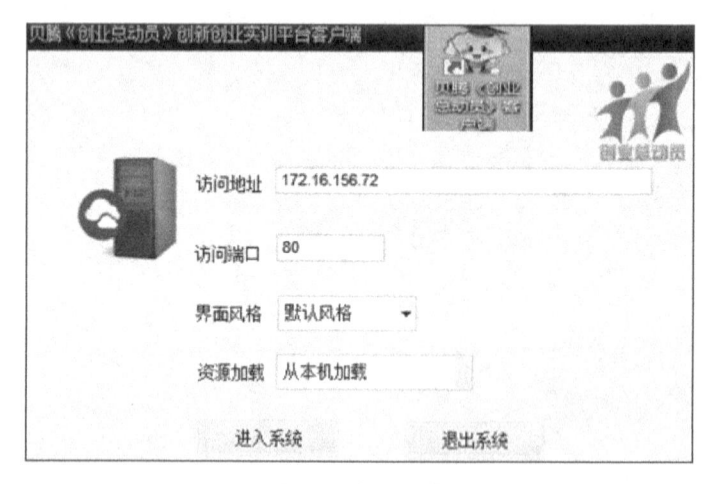

图 3-1　启动系统

（2）进入系统后，打开登录界面(图 3-2)，先以系统管理员(账号：admin，初始密码：******)身份登录，进行教师账号管理。

图 3-2　系统管理员登录

第三章　系统登录与公司注册

(3)单击"管理–师资队伍管理",增加教师账号(图 3-3)。

图 3-3　增加教师账号

二、教师端登录与创建班级

(1)用刚刚创建的教师账号登录系统,选择对应"教师"角色。

(2)建立班级。输入班级名称,课程描述,教学模板选择"创业综合管理(教师引导)",单击"保存"按钮(图 3-4)。

图 3-4　新建班级

(3)切换班级。选中要上课的班级，单击"保存"按钮，数据相应切换(图3-5)。

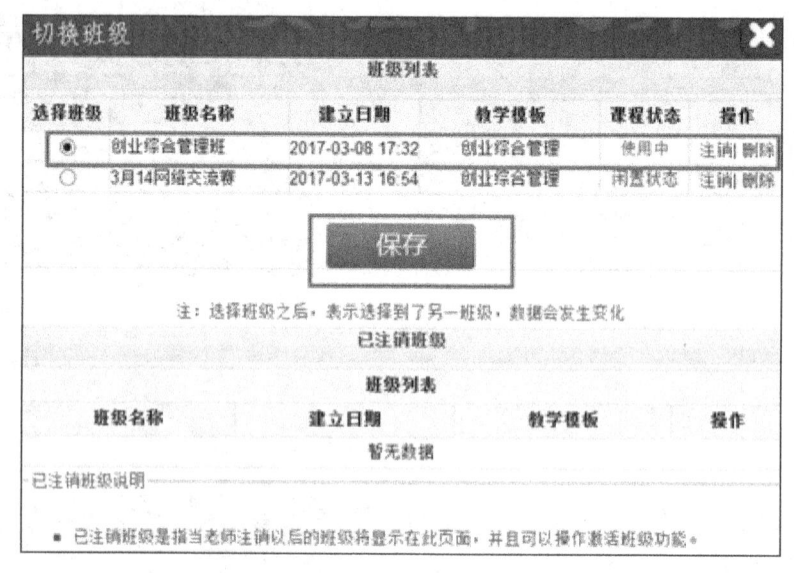

图 3-5　切换班级

三、学生端登录与用户注册

1. 学生端登录与注册

打开客户端，进入登录界面，完成注册后重新登录(图3-6)。账号必须唯一(建议统一为手机号码)，姓名要真实，以便登记成绩。

图 3-6　学生登录与注册界面

2. 学生班级申请与登录

选择教师和班级并申请加入,需等待教师审批后方可重新登录(图 3-7)。正式登录之后,请学生到右上角"个人信息处"修改学号、班级等信息。

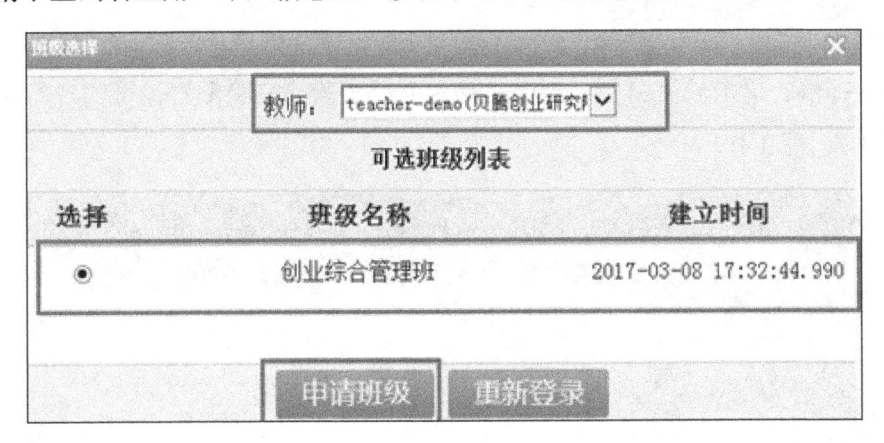

图 3-7　学生班级申请与登录

四、教师端学生管理

教师对申请的学生账号进行解锁、分组等操作。为方便管理,系统提供以下功能(图 3-8):

(1)对申请学生不限制,或者确定没有其他学生误入该教师班级,教师可以单击:其他设置→默认解锁,学生登录无须申请,直接登录。

(2)已经开始的班级可以选择:其他设置→拒绝申请。

(3)学生较多,可以选择账号→全部选择,再审核账号。

(4)教师可以把系统中已经有的账号拉进来:审核账号→增加账号。

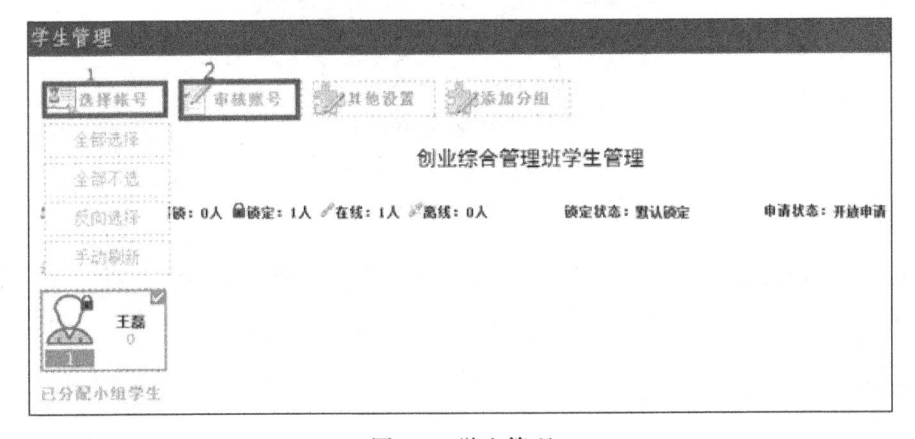

图 3-8　学生管理

(5)学生分组。先设计好小组数,然后由教师指定学生归入哪一组(实际上分组需要进入"创业之星"旧版软件上进行)。

五、教师端实验进度控制

(1)教师端:单击教学引导→创业之星→开始实验→实验配置,可实现行业模板的选择(图3-9、图3-10)。

图 3-9 教师端进度控制界面

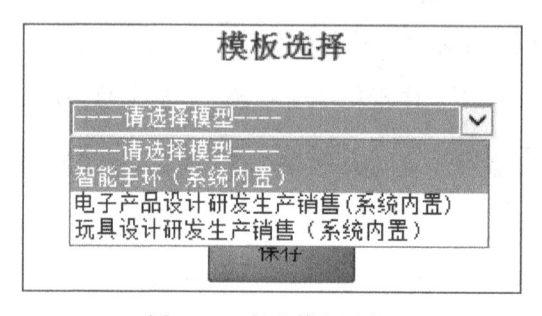

图 3-10 行业模板选择

(2)行业模板保存后,通过教师端进入"创业之星"原进度控制界面,大部分工作是在旧版软件上完成,但班级切换、结束实验与恢复实验等工作还是在"创业总动员"新界面操作。

六、学生端操作主界面

(1)学生端在学生分好组之后,重新登录,单击"进入实验"(图 3-11),即可开始实验操作。

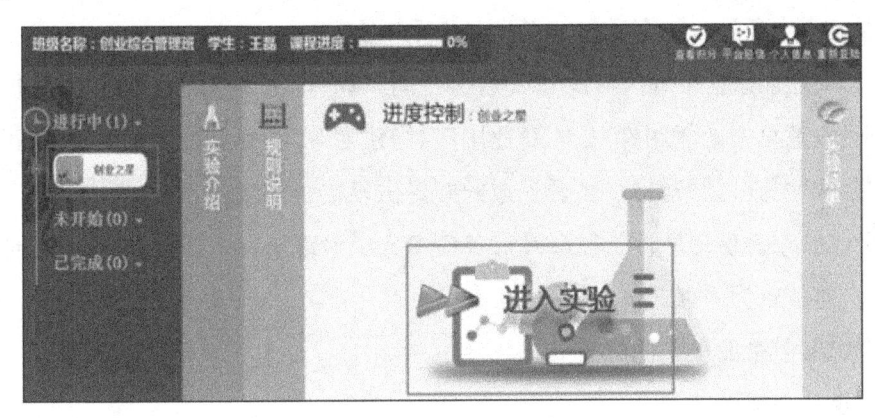

图 3-11　学生端进入实验

(2)开始实验之后,学生操作的主界面如图 3-12 所示。可以单击建筑物进入,也可以单击界面上的按钮进入相应操作界面。具体决策界面与"创业之星"的原界面相同。

图 3-12　学生实验操作主界面

七、学生端公司注册

(一)初创企业注册流程

1. 准备好注册所需材料

(1)拟定多个备选公司名称,一般准备5个以上。

(2)公司注册地址证明:房产证或购房合同复印件(如为购房合同,另需提供现售证、竣工验收意见书的复印件);非商业用房(指住宅等)需开具社区证明原件(可由居委会、业委会或物业公司开具);租赁场地的要提供租赁合同原件。

(3)全体股东身份证原件,监事及财务负责人身份证原件。至少3张身份证,即法人、会计、监事各为一人。

(4)拟定各股东的出资比例。

(5)拟定公司经营范围。

2. 实际办理注册流程

第一步:准备5个以上的公司名称到工商局核名;

第二步:整理资料到工商局办理营业执照(工商营业执照、组织机构代码证和税务登记证三证合一执照);

第三步:公安局刻制印章;

第四步:到银行开设公司基本账户;

第五步:公司会计整理资料到国地税务分局办理公司备案及报税事宜。

(二)《创业之星》模拟公司注册流程

实验教学中,公司创立注册的工作在第0季度内完成,包括租赁办公场所、名称审核、撰写企业章程、注资验资、工商登记、企业刻章、组织机构代码、税务登记、开立银行账户、办理社会保险等11项工作。学生可以从3D大楼中进去,也可以直接从快速导航仪表盘中进去办理业务。

1. 租赁办公场所

点击"创业大厦"的入口处。根据系统提示完成房屋租赁合同的签订,点击合同右下角的乙方负责人签字处的笔形标志,完成合同的签订。见图3-13。

合同签订成功后,系统会自动为你分配一间办公室,请记下办公室的详细地址信息,后面注册会用到。

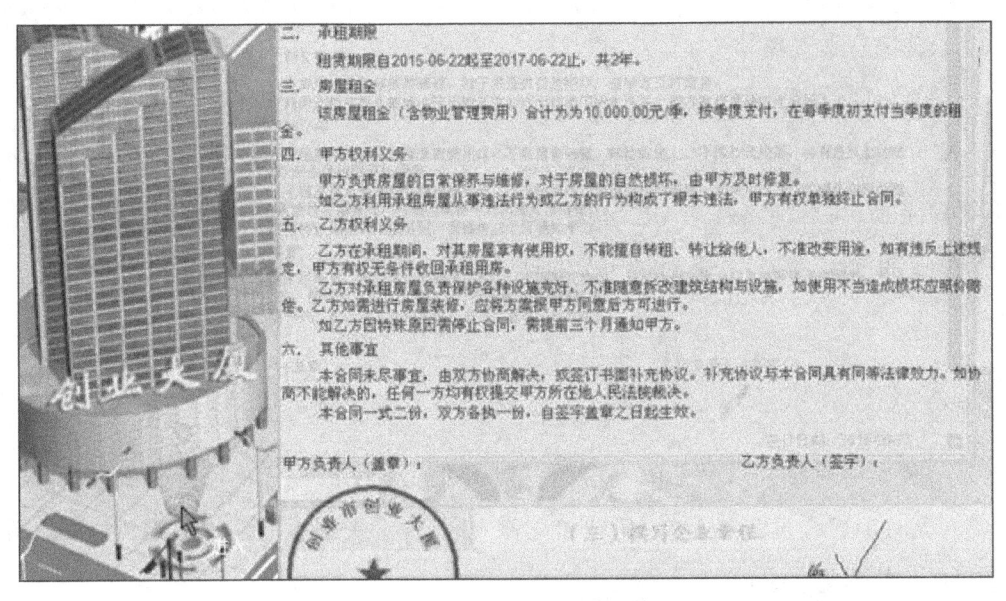

图 3-13　办理租赁办公场所场

2. 企业名称审核登记

点击"工商行政管理局"入口。在办事大厅内可以看到有三个办事窗口，点击最左边的"名称审核"窗口。按"指定代表证明"—"名称预审核"的顺序进行，不会填写的查看填写说明或出错提示，指定代表是指指定谁去办理注册业务，名称预审核是指预先审核公司名称是否重复、合法、合规。创业市是企业所在地，投资人可以是小组管理层成员，并指定出资比例。见图 3-14。

图 3-14　公司名称审核登记

3. 撰写企业章程

从"工商行政管理局"回到"创业大厦"（或仪表盘的"公司"），单击"会议室"。在会议室中，将完成企业章程撰写、创业计划与财务预算编制工作。其中，企业章程是法定项，必须填写。单击"企业章程"，完成企业章程的编写工作(也可以在其他地方写好后粘贴到此处)。下面是实验软件中工商局制定的公司章程模板。

创业市***有限公司章程

第一章　总　　则

第一条　为规范公司的组织和行为，维护公司、股东和债权人的合法权益，根据《中华人民共和国公司法》(以下简称《公司法》)和有关法律、法规规定，结合公司的实际情况，特制定本章程。

第二条　公司名称：*** 有限公司。

第三条　公司住所：创业市区(县、市)创业路 1 号。

第四条　公司在创业市工商管理局登记注册，公司经营期限为50年。

第五条　公司为有限责任公司。实行独立核算、自主经营、自负盈亏。股东以其认缴的出资额为限对公司承担责任，公司以其全部资产对公司的债务承担责任。

第六条　公司坚决遵守国家法律、法规及本章程规定，维护国家利益和社会公共利益，接受政府有关部门监督。

第七条　本公司章程对公司、股东、执行董事、监事、高级管理人员均具有约束力。

第八条　本章程由全体股东共同订立，在公司注册后生效。

第二章　公司的经营范围

第九条　本公司经营范围为：以公司登记机关核定的经营范围为准。

第三章　公司注册资本

第十条　本公司注册资本为 60 万元。本公司注册资本实行一次性(或分期)出资。

第四章　股东的名称(姓名)、出资方式及出资额和出资时间

第十一条　公司由3个股东组成：

股东一：

法定代表人姓名：张三

法定地址：广西财经学院

以现金方式出资30万元，共计出资30万元，合占注册资本的50%，在2017年9月15日前一次足额缴纳。

股东二：李四

家庭住址：广西财经学院

身份证号码：000000000000000

以现金方式出资15万元，共计出资15万元，合占注册资本的25%，在2017年9月15日前一次足额缴纳。

股东三：王五

家庭住址：广西财经学院

身份证号码：000000000000000

以现金方式出资15万元，共计出资15万元，合占注册资本的25%，在2017年9月15日前一次足额缴纳。

股东以非货币方式出资的，应当依法办妥财产权的转移手续。

第五章 公司的机构及其产生办法、职权、议事规则

第十二条 公司股东会由全体股东组成，股东会是公司的权力机构，依法行使《公司法》第三十八条规定的第1项至第10项职权，第11项至第13项职权为：

11. 对公司为公司股东或者实际控制人提供担保作出决议；

12. 对公司向其他企业投资或者为除本条第11项以外的人提供担保作出决议；

13. 对公司聘用、解聘承办公司审计业务的会计师事务所作出决议。

对前款所列事项股东以书面形式一致表示同意的，可以不召开股东会会议，直接作出决定，并由全体股东在决定文件上签名、盖章。

第十三条 股东会的议事方式

股东会以召开股东会会议的方式议事，法人股东由法定代表人参加，自然人股东由本人参加，因事不能参加可以书面委托他人参加。股东会会议分为定期会议和临时会议两种：

1. 定期会议

定期会议一年召开四次，时间为每年每季度初召开。

2. 临时会议

代表十分之一以上表决权的股东，执行董事，监事提议召开临时会议的，应当召开临时会议。

第十四条　股东会的表决程序

1. 会议通知

召开股东会会议，应当于会议召开十五日(公司章程也可另行规定时限)以前通知全体股东。

2. 会议主持

股东会会议由执行董事召集和主持，执行董事不能履行或者不履行召集股东会会议职责的，由监事召集和主持，监事不召集和主持的，代表十分之一以上表决权的股东可以召集和主持。股东会的首次会议由出资最多的股东召集和主持，依照《公司法》规定行使职权。

3. 会议表决

股东会会议由股东按出资比例行使表决权(公司章程也可另行规定)，股东会每项决议需代表多少表决权的股东通过规定如下：

(1) 股东会对公司增加或减少注册资本、分立、合并、解散或变更公司形式作出决议，必须经代表三分之二以上表决权的股东通过；

(2) 公司可以修改章程，修改公司章程的决议必须经代表三分之二以上表决权的股东通过；

(3) 股东会对公司为公司股东或者实际控制人提供担保作出决议，必须经出席会议的除上述股东或受实际控制人支配的股东以外的其他股东所持表决权的过半数通过；

(4) 股东会的其他决议必须经代表二分之一以上表决权的股东通过。

4. 会议记录

召开股东会会议，应详细作好会议记录，出席会议的股东必须在会议记录上签名。

第十五条　公司不设董事会，设执行董事一人，由股东会选举产生。

第十六条　执行董事对股东会负责，依法行使《公司法》第四十七条规定的第1至第10项职权。

第十七条　执行董事每届任期两年，执行董事任期届满，连选(派)可以连任。执行董事任期届满未及时更换或者执行董事在任期内辞职的，在更换后的新执行董事就任前，原执行董事仍应当依照法律、行政法规和公司章程的规定，履行执行董事职务。

第十八条　公司设经理，由执行董事聘任或者解聘。经理对执行董事负责，依法行使《公司法》第五十条规定的职权。

第十九条　公司不设监事会，设监事一人，由非职工代表担任，经股东会选举产生。

第二十条　监事任期每届三年，监事任期届满，连选可以连任。监事任期届满未及时改选，或者监事在任期内辞职的，在改选出的监事就任前，原监事仍应当依照法律、行政法规和公司章程的规定，履行监事职务。执行董事、高级管理人员不得兼任监事。

第二十一条　监事对股东会负责，依法行使《公司法》第五十四条规定的第1至第6项职权。同时监事可以列席股东会会议，监事发现公司经营情况异常，可以进行调查。必要时，可以聘请会计师事务所等协助其工作，费用由公司承担。

第六章　公司的股权转让

第二十二条　公司的股东之间可以相互转让其全部或者部分股权。

第二十三条　股东向股东以外的人转让股权，应当经其他股东过半数同意。股东应就其股权转让事项书面通知其他股东征求同意，其他股东自接到书面通知之日起满三十日未答复的，视为同意转让。其他股东半数以上不同意转让的，不同意的股东应当购买该转让的股权，不购买的，视为同意转让。

经股东同意转让的股权，在同等条件下，其他股东有优先购买权。两个以上股东主张行使优先购买权的，协商确定各自的购买比例。协商不成的，按照转让时各自的出资比例行使优先购买权。

第二十四条　本公司股东转让股权，应当先召开股东会，股东会决议应经全体股东一致通过并盖章、签字。如全体股东未能取得一致意见，则按本章程第二十二条、第二十三条的规定执行。

第二十五条　公司股权转让的其他事项按《公司法》第七十三条至第七十六条规定执行。

第七章　公司的法定代表人

第二十六条　公司的法定代表人由执行董事担任。

第八章　附　则

第二十七条　本章程原件一式六份，其中每个股东各持一份，送公司登记机关一份，验资机构一份，公司留存一份。

创业市　***有限公司全体股东

法人股东盖章：

自然人股东签字：

日期：2017 年 9 月 1 日

说明：由于工商局通常都要求企业用他们指定的章程模板，使得现实中的一些股权架构设计很难写进公司章程，这个时候合伙人、股东之间可以另外签订协议，约定股权的进入与退出机制，约定不同股东的权责利。公司章程应与合伙人协议、股东协议尽量不冲突。在合伙人协议、股东协议中约定，如果公司章程与股东协议相冲突，以股东协议为准。

4．企业注册资本

进入"创业银行"，单击"对公业务"窗口，这里有 2 项业务，一是股东资金存款，二是开设银行账户(实际上是开立银行结算账户)。由于开设银行结算账户需要税务登记证书编号，这项业务还没有办理，所以暂时无法开设银行账号。可以先将股东资金存入银行(见图 3-15)。

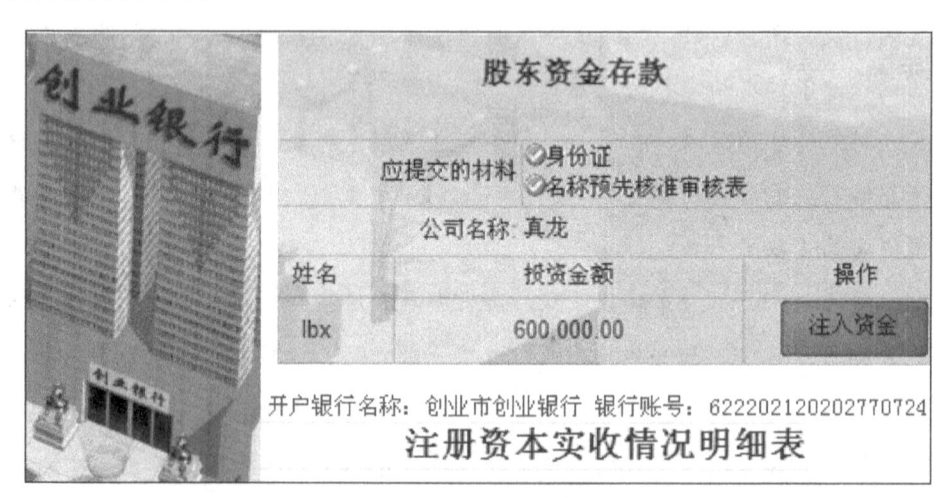

图 3-15　企业注册资本

注意：虽然现在还没有办理"开设银行账户"，但股东将资金存入银行之后会形成一个银行账号，后面税务登记时是需要用到的，这里要记住这个账号。

5．领取验资报告

进入"会计师事务所"(或方向盘中的"验资"按键直接进入)。在弹出窗口中单击"出具验资报告"菜单，完成企业股东注册资金的验资，并领取验资证明(见图 3-16)。

6．企业设立登记

进入"工商行政管理局"进行登记，这里有三项业务：一是名称审核，前面已经完成；二是公司设立申请(见图 3-17)；三是领取工商执照(见图 3-18)。

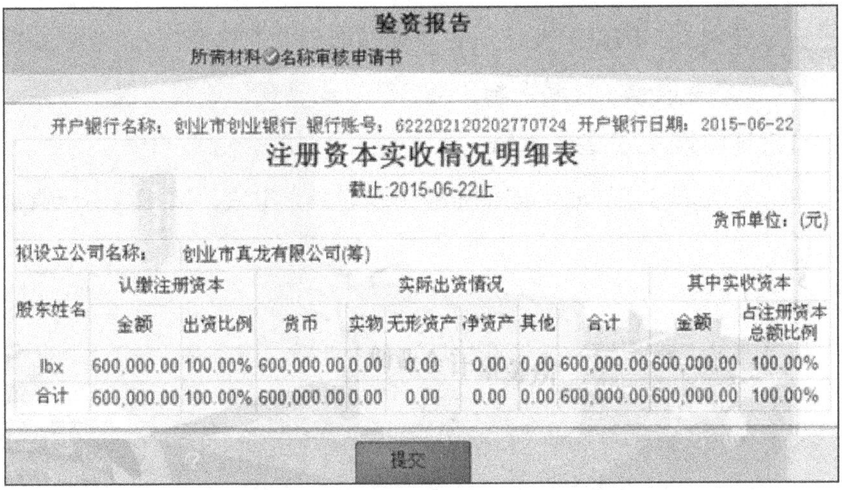

验资报告

所需材料 名称审核申请书

开户银行名称：创业市创业银行 银行账号：622202120202770724 开户银行日期：2015-06-22

注册资本实收情况明细表

截止 2015-06-22止

货币单位：(元)

拟设立公司名称：　创业市真龙有限公司(筹)

股东姓名	认缴注册资本		实际出资情况						其中实收资本	
	金额	出资比例	货币	实物	无形资产	净资产	其他	合计	金额	占注册资本总额比例
lbx	600,000.00	100.00%	600,000.00	0.00	0.00	0.00	0.00	600,000.00	600,000.00	100.00%
合计	600,000.00	100.00%	600,000.00	0.00	0.00	0.00	0.00	600,000.00	600,000.00	100.00%

提交

图 3-16　会计事务所办理验资报告

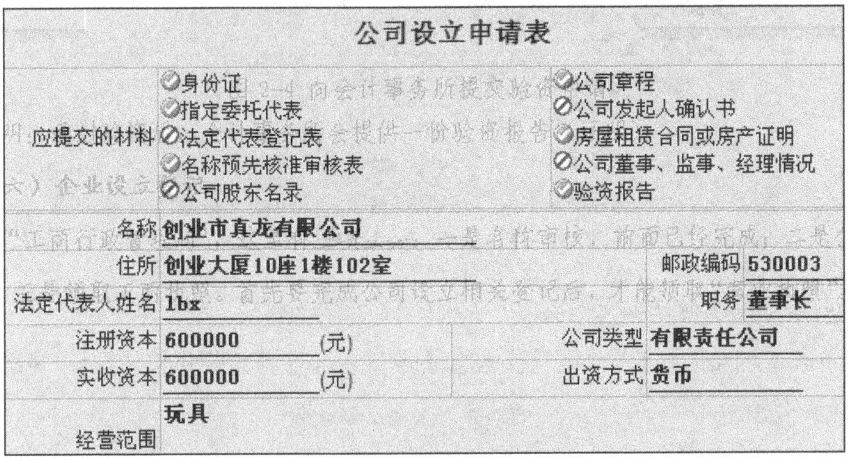

公司设立申请表

应提交的材料	身份证 指定委托代表 法定代表登记表 名称预先核准审核表 公司股东名录	公司章程 公司发起人确认书 房屋租赁合同或房产证明 公司董事、监事、经理情况 验资报告	
名称	创业市真龙有限公司		
住所	创业大厦10座1楼102室	邮政编码	530003
法定代表人姓名	lbx	职务	董事长
注册资本	600000 (元)	公司类型	有限责任公司
实收资本	600000 (元)	出资方式	货币
经营范围	玩具		

图 3-17　公司设立申请表

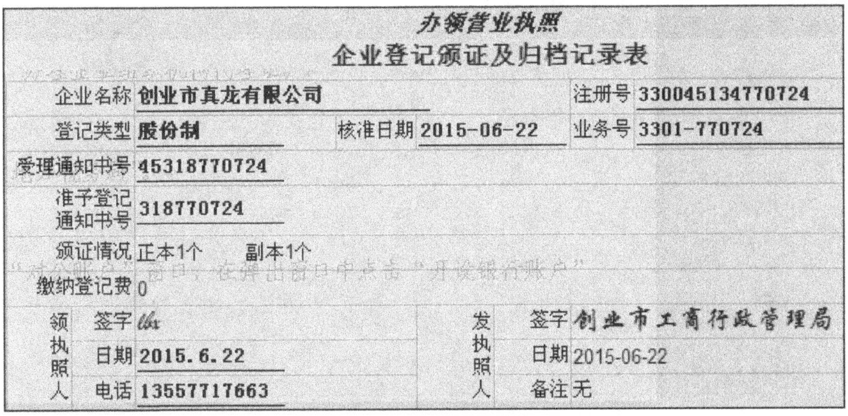

办领营业执照

企业登记颁证及归档记录表

企业名称	创业市真龙有限公司			注册号	330045134770724
登记类型	股份制	核准日期	2015-06-22	业务号	3301-770724
受理通知书号	45318770724				
准予登记通知书号	318770724				
领证情况	正本1个　副本1个				
缴纳登记费	0				
领执照人 签字	lbx			发执照人 签字	创业市工商行政管理局
日期	2015.6.22			日期	2015-06-22
电话	13557717663			备注	无

图 3-18　办领营业执照

首先要完成公司设立的相关登记后,才能领取"营业执照"。企业设立需要提供的资料较多(公司设立申请表、发起人确认书、法定代表登记、公司股东名录、董事经理情况、指定代理证明等),要备齐材料。

在填写"企业股东名录"时,如果企业由多名股东组成,则要填写所有股东的相关信息。

7. 刻制企业印章

在方向盘中进入"刻章店",凭营业执照刻制企业章、财务章、法人章(见图3-19)。

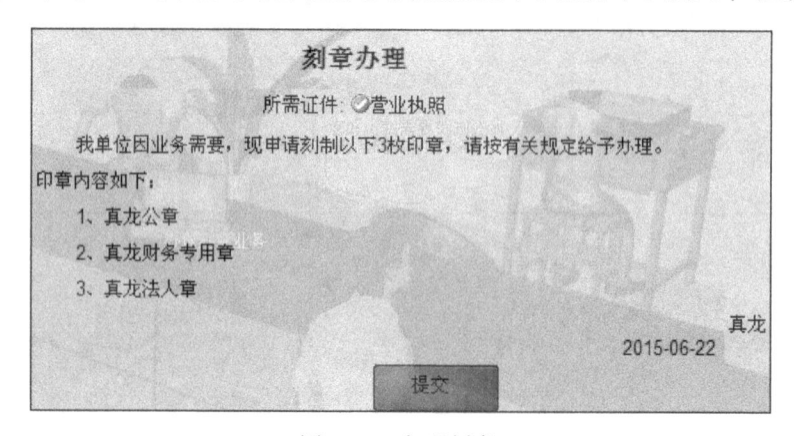

图 3-19　办理刻章

8. 办理组织机构代码

在主场景或方向盘中进入"质量技术监督局",办理企业组织机构代理证(见图3-20)。

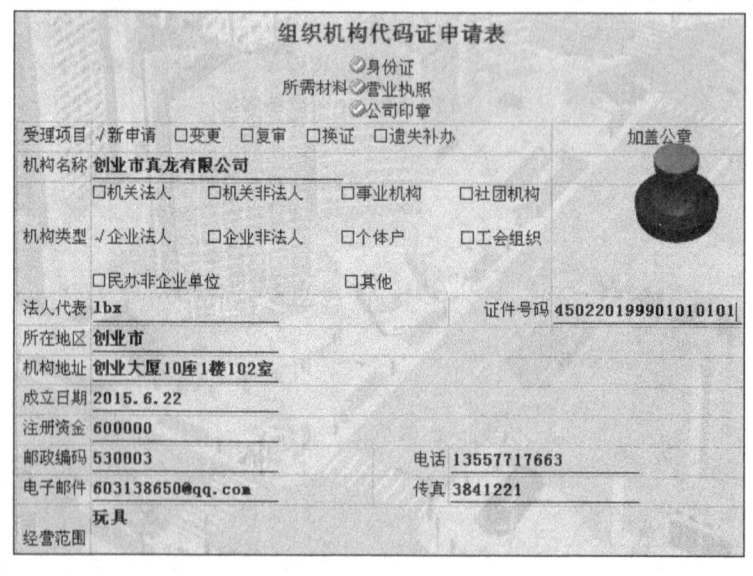

图 3-20　办理组织机构代码

9. 办理税务登记

进入“国家税务局”和“地方税务局”，办理“税务登记”和领证，两边业务是一样的，同样的数据信息无需重复输入。其中，银行账号是前面注资时的账号(见图 3-21)。

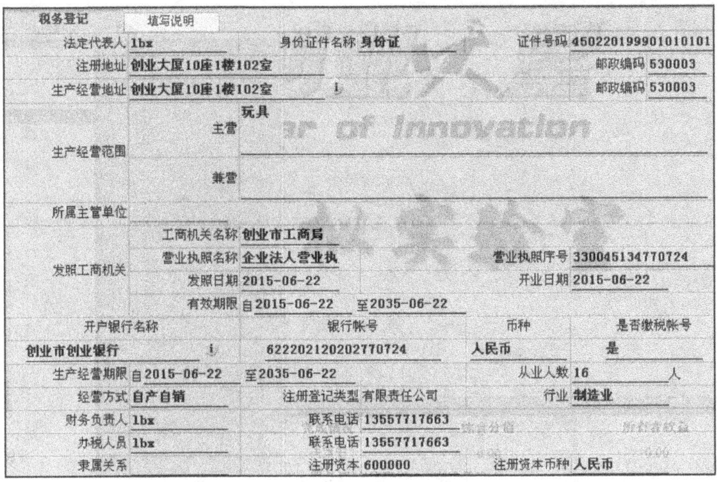
税务登记 填写说明
法定代表人 lbx 身份证件名称 身份证 证件号码 450220199901010101
注册地址 创业大厦10座1楼102室 邮政编码 530003
生产经营地址 创业大厦10座1楼102室 邮政编码 530003
生产经营范围 主营 玩具 兼营
所属主管单位
发照工商机关 工商机关名称 创业市工商局
营业执照名称 企业法人营业执 营业执照序号 330045134770724
发照日期 2015-06-22 开业日期 2015-06-22
有效期限 自2015-06-22 至2035-06-22
开户银行名称 银行帐号 币种 是否缴税帐号
创业市创业银行 6222021202027770724 人民币 是
生产经营期限 自2015-06-22 至2035-06-22 从业人数 16 人
经营方式 自产自销 注册登记类型 有限责任公司 行业 制造业
财务负责人 lbx 联系电话 13557717663
办税人员 lbx 联系电话 13557717663
隶属关系 注册资本 600000 注册资本币种 人民币

图 3-21 办理税务登记

10. 开立银行账户

再进入“创业银行”。点击“对公账户”窗口，在弹出窗口中点击“开设银行账户”菜单，开立单位银行结算账户。这里的关键是输入税务登记证号(见图 3-22)。

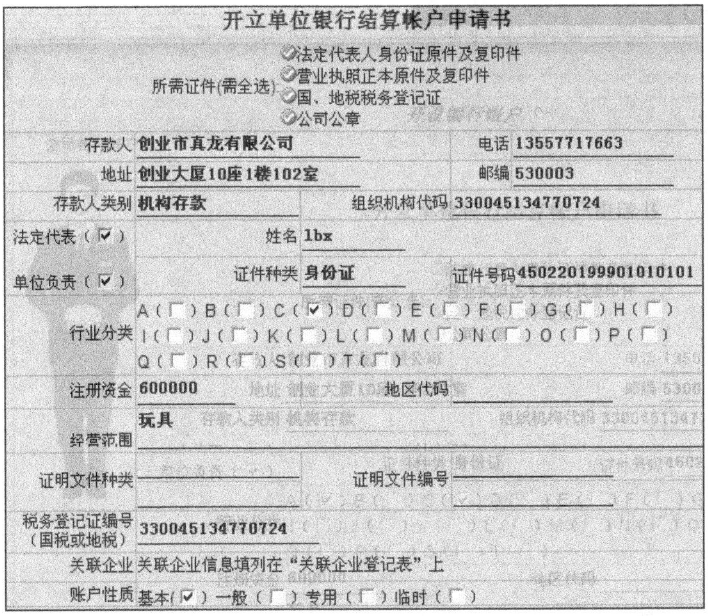
开立单位银行结算帐户申请书
所需证件(需全选) 法定代表人身份证原件及复印件 营业执照正本原件及复印件 国、地税税务登记证 公司公章
存款人 创业市真龙有限公司 电话 13557717663
地址 创业大厦10座1楼102室 邮编 530003
存款人类别 机构存款 组织机构代码 330045134770724
法定代表（✓） 姓名 lbx
单位负责（✓） 证件种类 身份证 证件号码 450220199901010101
行业分类 A( ) B( ) C(✓) D( ) E( ) F( ) G( ) H( ) I( ) J( ) K( ) L( ) M( ) N( ) O( ) P( ) Q( ) R( ) S( ) T( )
注册资金 600000 地区代码
经营范围 玩具
证明文件种类 证明文件编号
税务登记证编号（国税或地税） 330045134770724
关联企业 关联企业信息填列在“关联企业登记表”上
账户性质 基本(✓) 一般( ) 专用( ) 临时( )

图 3-22 开立银行账户

11. 办理社会保险

进入“人力资源和社会保障局”完成“用人单位社会保险登记表”和“企业社会保险开户”（见图 3-23）。注意：开始运营后，要为管理人员、生产工人和销售人员办理社会保险，否则将被罚款。

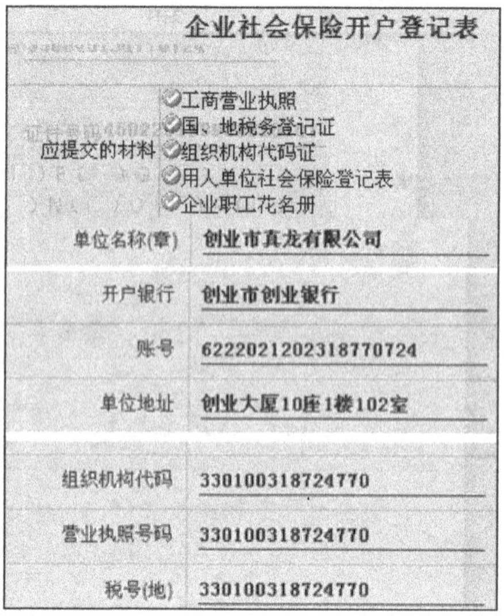

企业社会保险开户登记表

应提交的材料	工商营业执照 国、地税务登记证 组织机构代码证 用人单位社会保险登记表 企业职工花名册
单位名称(章)	创业市真龙有限公司
开户银行	创业市创业银行
账号	6222021202318770724
单位地址	创业大厦10座1楼102室
组织机构代码	330100318724770
营业执照号码	330100318724770
税号(地)	330100318724770

图 3-23　社保开户登记

至此，已完成了企业工商、银行、质监、税务登记、社保等所有流程工作，企业正式成立。教师端检查全部小组均完成之后可以单击“开始第 1 季度”进入企业运营管理阶段。

当然，教师端也可以跳过企业注册环节，直接进入企业运营管理阶段。

第四章　企业运营方案编制

本章编制的创业计划书(运营方案)是以"创业之星"实验平台中的玩具制造与销售行业为背景的,它具有以下特点。

(1)各创业小组(公司)需要在同一个平台上进行竞争,以检验哪个小组(公司)的创业计划、计划执行、计划调整和运营管理工作做得更好。因此,各小组(公司)将面临相同的行业背景、市场环境和政策环境。

(2)所有小组(公司)的创业条件(起步条件)是相同的,因此创业之前的优势与劣势、机会与威胁(SWOT)基本上是相同的,但创业小组成员的创业计划编制能力与运营管理执行能力可能是不相同的。

(3)已经有专业调查机构完成了对市场的调研工作,各小组(公司)需要学会如何利用这些信息。

(4)各小组(公司)的创业计划书重点不在于市场机会的分析,而在于对资源(资金)的最优化利用,既要把有限的资源(资金)发挥到极致(尽可能做大规模),做到产出最大,又要防止资金链断裂(往往是盲目做大、急于扩张造成的)(图 4-1)。为此,必须做到产品研发计划、产能计划、销售计划、广告计划、生产计划、人力资源计划、采购计划与财务计划的无缝连接,确保它们相互完美对接,其中,运营管理的三大约束(销售约束、产能约束、财务约束)将贯穿始终,即产能要受销售的约束,销售也要受产能的约束,而产能与销售均要受财务(资金)的约束。

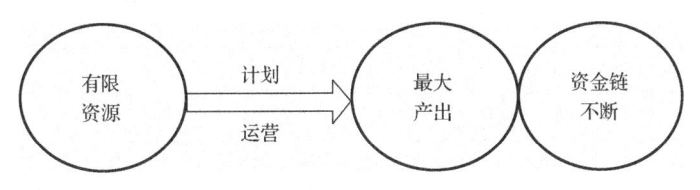

图 4-1　企业运营管理追求的目标

一、基本环境假设

- 3~6 个同学分为一组,模拟创建一家企业,与其他小组对抗竞争。

- 创业资金 60 万元。
- 处于玩具制造与销售行业。
- 针对三类消费群体设计品牌，研发产品。
- 通过五大市场分区的营销渠道销售。
- 完成两年 8 个季度的企业运营管理任务。

二、基本参数设置

（一）决策权限设置

决策权限设置如表 4-1 所示。

表 4-1　决策权限设置

决策项目	决策权限	项目描述
产品设计	技术总监 CTO	设计符合消费群体需求的产品
产品研发	技术总监 CTO	对已设计好的产品的经营研发测试工作
签订合同	人力资源总监 CHO	与新招聘的员工签订"劳动合同"
解除合同	人力资源总监 CHO	与员工解除"劳动合同"
员工培训	人力资源总监 CHO	对员工进行在岗工作能力培训，以提升工作能力和效率
生产招聘	人力资源总监 CHO	招聘生产制造所需的工人
销售招聘	人力资源总监 CHO	招聘市场销售所需的销售人员
原料采购	生产总监 CPO	采购生产制造所需的原材料
厂房购置	生产总监 CPO	购买或租赁生产制造所需的厂房
设备购置	生产总监 CPO	购买生产制造所需的设备
生产工人	生产总监 CPO	由生产部门向人力资源部提交生产工人培训、辞退、调整等计划
生产制造	生产总监 CPO	生产制造产品
订单交付	生产总监 CPO	对已得到的订单实施交付完成
资质认证	生产总监 CPO	公司进行国际标准体系认证
厂房列表	生产总监 CPO	公司中的厂房和设备情况
市场开发	市场总监 CMO	对市场进行前期的开发，为进入该市场经营运作铺垫道路
广告宣传	市场总监 CMO	对公司已有的产品品牌做市场推广宣传
原料出售	市场总监 CMO	出售购买的原料
订单转让	市场总监 CMO	出售得到的订单
原料转让信息	市场总监 CMO	购买其他公司或小组发表的原料
订单转让信息	市场总监 CMO	购买其他公司或小组发表的订单

续表

决策项目	决策权限	项目描述
银行贷款	财务总监 CFO	资金紧张时，可申请银行贷款
销售人员	销售总监 CSO	由销售部门向人力资源部提交销售人员培训、辞退、调整等计划
产品报价	销售总监 CSO	市场订单报价
账款贴现	财务总监 CFO	提早收回应收账款

说明：上面是最常见的角色决策权限设置。学生在完成用户注册后，在主界面修改个人信息，定义好自己的角色，然后按角色设置的权限进行业务操作，完成职权内的工作。通常技术总监由生产总监兼任，市场总监与销售总监合并为一人，总经理可以兼职财务角色。总经理负责组织协调和提交完成决策等工作，特别是要组织队员完成运营方案(计划)的编制与执行，责任重大。

(二)财务参数设置

1. 创业企业开办费

创业企业开办费如表 4-2 所示。

表 4-2　公司开办费

项目	当前值	备注
办公室租金	10 000 元	办公场所租赁每季度均需支付的租金
企业注册费用	3000 元	企业设立工商注册所发生的所有相关费用。该笔费用为一次性支出

2. 创业企业适用的税率

创业企业适用的税率如表 4-3 所示。

表 4-3　相关税率

税种	税率	备注
所得税	25%	=净利润×25%
营业税	5%	=营业收入×5%
增值税	17%	=(销售收入−采购支出)×17%=销项税−进项税
城建税	7%	=增值税或营业税×7%
教育附加税	3%	=增值税或营业税×3%
地方教育附加税	2%	=增值税或营业税×2%

说明：实验中的创业企业交增值税，只有营业外收入交营业税。

3. 创业企业适用的融资利率

创业企业适用的融资利率如表 4-2 所示。

表 4-4 相关融资利率

融资类型	利率	还款期限	备注
普通借款	5%	3 季度	正常向银行申请借款的利率
紧急借款	20%	3 季度	企业资金链断裂时，系统自动给企业紧急借款的利率；紧急贷款亦可主动申请
一账期应收账款贴现	3%	0 季度	整笔贴现
二账期应收账款贴现	6%	0 季度	整笔贴现
三账期应收账款贴现	8%	0 季度	整笔贴现
四账期应收账款贴现	10%	0 季度	整笔贴现

说明：普通借款额度为 A 与 B 的较小者，即每个季度实际普通借款既不能大于 20 万，也不能大于总授信额度。

A=同期最大借款授信额度=200 000 元

B=总授信额度=净资产−累计未还借款

4. 创业企业适用的保险费率

创业企业适用的保险费率如表 4-5 所示。

表 4-5 相关保险费率

保险各类种	费率	备注
养老保险费	20%	(1)所有人员均要缴纳保险费，包括管理人员、生产工人和销售人员等； (2)各项保险支出均按"工资总额×保险比率"计算
失业保险费	2%	
工伤保险费	0.5%	
生育保险费	0.6%	
医疗保险费	8%	

（三）市场参数设置

市场参数设置如表 4-6 所示。

表 4-6 市场参数设置

项目	当前值	备注
每季广告最低投入	1000 元	每季度最低广告投入金额（也可以不投）
广告影响时间	3 季	投入广告后能够对订单分配进行影响的时间
市场订单未完成部分罚金率	30%	罚金=未交货合同额×30%
市场需求预测提前期	8 季	可看到的价格与市场需求量走势期数
订单报价，最低价比例	60%	最低限价=上期同一市场产品报价平均数×60%
上期未满足需求延续到本期上限比例	40%	上期未分配完的订单会有 40%转入本季度

第四章 企业运营方案编制

(四)研发参数设置

研发参数设置如表 4-7 所示。

表 4-7 研发参数设置

项目	当前值	备注
公司产品上限	6 件	同期每个公司产品组合最多数量
产品设计费用	30 000	产品设计一次所需投入的费用
产品研发每期投入	20 000	产品研发每季度需投入的费用

说明:针对同一消费者不允许设计两个配置相同的产品;未开始研发的产品可撤销或修改设计,若撤销则设计费退回。

(五)制造参数设置

制造参数设置如表 4-8 所示。

表 4-8 制造参数设置

项目	当前值	备注
厂房折旧率	2%	每季度按该折旧率对购买的厂房原值计提折旧
设备折旧率	5%	每季度按该折旧率对购买的设备原值计提折旧
每个产品改造加工费	2 元	订单交易情况下,单个产品改造费=买方产品比卖方产品少的原料配置无折扣价之和+产品改造加工费
原料紧急采购额外支付比例	50%	紧急采购单价=原料无折扣单价×(1+该比例)

说明:当季购置当季出售的设备不计提折旧。

(六)评价参数设置

评价参数设置如表 4-9 所示。

表 4-9 评价参数设置

项目	当前值	备注
盈利表现	30 分	实际得分=30×(本公司表现/行业平均表现),最高 60 分
财务表现	30 分	实际得分=30×(本公司表现/行业平均表现),最高 60 分
市场表现	20 分	实际得分=30×(本公司表现/行业平均表现),最高 40 分
投资表现	10 分	实际得分=30×(本公司表现/行业平均表现),最高 20 分
成长表现	10 分	实际得分=30×(本公司表现/行业平均表现),最高 20 分
综合表现下限	0 分	以上 5 项表现最低得分为 0 分,总和得分最低 0 分
综合表现上限	200 分	以上 5 项表现最高得分的总和是 200 分
紧急借款扣除分数	5 分	每出现 1 次就从综合表现中扣除 5 分

说明：具体表现与综合表现均为动态数值，可升可降，比赛成绩以结束季度的综合表现、最终得分为依据。

三、企业运营规则

（一）市场营销渠道配置

市场营销渠道配置如表 4-10 所示。

表 4-10　市场渠道配置

市场名称	渠道名称	开发周期（年）	开发费用/期（元）	总开发费用（元）
北京市场	零售渠道	0	20 000	0
上海市场	零售渠道	1	20 000	20 000
广州市场	零售渠道	2	20 000	40 000
武汉市场	零售渠道	2	20 000	40 000
成都市场	零售渠道	3	20 000	60 000

说明：市场开拓中途可以暂停投入。

（二）消费群体配置

消费群体配置如表 4-11 所示。

表 4-11　消费群体可接受价格与购买决策影响因素

消费群体	最高参考价（元）	功能权重	价格权重	品牌权重	口碑权重	能力权重
品质型	150	40%	15%	25%	10%	10%
经济型	120	25%	30%	15%	10%	20%
实惠型	90	20%	50%	10%	10%	10%

说明：最高参考价在不同的时期会产生波动；功能是指产品的材料配置与品质；价格是指零售价格；品牌是指广告宣传带来的声誉；口碑是指历史销售量；能力是指销售人员的数量与质量。

表 4-12　消费群体产能功能诉求

消费群体	产能功能诉求
品质型	他们喜欢商品具有高档的包装、时尚的外观、富有质感、做工细腻，他们要求产品具有舒适的手感，高贵美观的外观，同时要便于洗涤，他们追求高质量生活，希望自己所购买的商品选用的是天然材料

消费群体	产能功能诉求
经济型	这类用户追求经济、实用的外观包装,但又不希望毫无档次,但过于昂贵精美的外包装又容易让他们感觉太奢华。他们不喜欢过于低端的面料,愿意选用面料讲究的产品,并且还希望是便于洗涤的。他们对填充物的要求并不是想象的那么高,方便易洗即可
实惠型	他们精打细算,希望花最少的钱,买到自己心爱的商品。他们中意经济适用的面料,并不希望让物品看起来毫无档次,对产品的内部填充物并不讲究,追求实用大众原则

说明:这里没有反映消费群体对附加功能的需求。

(三)产品设计参数配置

产品设计参数配置如表4-13所示。

表4-13 产品BOM参数配置

组成部分		可选材料	材料特征	研发系数
必选件	包装 (3选1)	玻璃包装纸	简单,实用,容易起皱,易破损	0.1
		纸质包装盒	经济,美观,略显档次	0.2
		金属包装盒	高档,时尚,富有质感,做工细腻	0.3
	面料 (3选1)	短平绒	手感柔软弹性好、光泽柔和,表面不易起皱,保暖性好	0.1
		松针绒	经济适用,高雅富贵,立体感强	0.2
		玫瑰绒	手感舒适、美观高贵、便于洗涤,还具有很好的保暖性	0.3
	填充物 (3选1)	PP棉	制造材料,使用最广泛,经济实用	0.1
		珍珠棉	相比PP棉更有弹性、柔软性和均匀性,并且方便洗涤	0.2
		棉花	纯天然材质,弹性柔软性均匀性最好,无静电,但不可水洗	0.3
可选件	辅件 (可多选)	发声装置	附加功能,使玩具可以模拟真人发声	0.1
		发光装置	附加功能,可使玩具具有闪光功能	0.2

说明:设计的产品所用材料的研发系数加总在0.4以下(含0.4)时不需要研发过程,可以直接上线生产,0.5以上(含0.5)则需要有一个季度的研发过程。

(四)厂房参数配置

厂房参数配置如表4-14所示。

表4-14 厂房参数配置

项目	容纳生产线(条)	季租金(元)	购买价(元)	备注
大厂房	6	7000	100 000	厂房购置当季不折旧;厂房租赁不折旧;厂房出售或退租须先搬空设备
中厂房	4	5000	80 000	
小厂房	2	3000	50 000	

(五)设备参数配置

设备参数配置如表 4-15、表 4-16 所示。

表 4-15 设备参数配置-1

项目	设计能力(件)	工人上限(人)	成品率	混合投料	购买价(元)	维护费用(元)	单件加工费(元)
柔性线	2000	4	90%	是	120 000	3000	2
自动线	1500	3	80%	否	80 000	2500	3
手工线	1000	2	70%	否	40 000	2000	4

说明：

(1) 每个工人的基本生产能力是 450 件/季，生产线投产能力不能超过工人能力。

(2) 设备出售需要等待产品下线。

(3) 当季购置当季出售的生产线不折旧，但维护费还是要交的。

表 4-16 设备参数配置-2

项目	安装周期(季)	生产周期(季)	搬迁周期(季)	搬迁费用(元)	升级周期(季)	升级费用(元)	升级提升
柔性线	1	1	1	1000	1	1000	1%
自动线	1	1	0	0	1	1000	2%
手工线	0	1	0	0	1	1000	3%

说明：升级提升是指成品率提升，例如柔性线提升一次成品率升到 91%，第二次升级后成品率提升到 92%。

(六)资质认证参数配置

资质认证参数配置如表 4-17 所示。

表 4-17 资质认证参数配置

资质名称	认证周期(季)	每期认证费用(元)	备注
ISO9001	2	30 000	国际标准化组织提出的质量管理体系标准
ICTI	3	30 000	国际玩具工业理事会提出的玩具生产环境认证

(七)人力资源参数配置

人力资源参数配置如表 4-18 所示。

表 4-18 人力资源参数配置

项目	当前值	说明
管理人员工资	10 000 元	管理团队每季度工资，不分小组人数多少

续表

项目	当前值	说明
生产工人工资	3000 元	每季度支出
生产工人招聘费	500 元	一次性支出
生产工人培训费	300 元	每次支出，一个季度只能进行一次培训
生产工人辞退费	300 元	一次性支出，试用期 1 季度，试用期内辞退不用付辞退费
生产工人生产能力	450 件	未经培训的工人每季度基本生产能力
培训能力提升	3%	培训一次提升的生产能力
销售人员工资	3600 元	每季度支出
销售人员招聘费	500 元	一次性支出
销售人员培训费	500 元	每次支出，一个季度只能进行一次培训
销售人员辞退费	300 元	一次性支出，试用期 1 季度，试用期内辞退不用付辞退费
销售人员销售能力	500 件	每季度每款产品的销售能力，可在同一个市场上同时销售多款产品
培训能力提升	5%	培训一次提升的销售能力
未签订合同罚款	2000 元/人	未签订劳动合同者按每人每季度罚款 2000 元
行政管理费	1000 元/人	每季度按公司人数计提日常行政管理费，包含管理人员、生产人员和销售人员

说明：人员的能力见产能参数。

（八）原料参数配置

原料参数配置如表 4-19 所示。

表 4-19 原料参数与采购折扣配置

原料	到货周期（季）	应付账期（季）	研发系数	采购折扣	
				批量范围	折扣率
玻璃包装纸	0	0	0.1	$0 \leqslant X \leqslant 200$	0
纸质包装盒	0	1	0.2		
金属包装盒	1	1	0.3	$201 \leqslant X \leqslant 500$	5%
短平绒	0	1	0.1	$501 \leqslant X \leqslant 1000$	10%
松针绒	0	0	0.2	$1001 \leqslant X \leqslant 1500$	15%
玫瑰绒	0	1	0.3	$1501 \leqslant X \leqslant 2000$	20%
PP 棉	0	0	0.1	$2000 \leqslant X \leqslant \cdots\cdots$	25%
珍珠棉	0	1	0.2		
棉花	1	1	0.3		
发声装置	1	1	0.1		
发光装置	1	1	0.2		

四、市场调查预测

专业市场调查公司将布娃娃玩具市场按消费者特性划分为品质型顾客、经济型顾客和实惠型顾客三种类型，同时按地理划分为北京、上海、广州、武汉、成都等五个片区。根据专业市场调查公司提供的调研报告，玩具产品的市场需求量十分可观，销售价格也比较诱人，赢利性很好。目前，同类产品的竞争者都是刚进入市场，且实力均等，大家具有同样的市场机会。

说明：系统会根据参与对抗的小组数来设置总的市场容量。

（一）消费群体市场需求量预测

1. 北京市场产品需求量预测

北京市场产品需求量预测如表 4-20，图 4-2 所示。

表 4-20 北京市场 1~8 季度需求量（10 组总量）

单位：件

消费群体	第1季	第2季	第3季	第4季	第5季	第6季	第7季	第8季
实惠型	4500	4880	5200	5600	5840	5560	5340	5200
经济型	3600	3680	4300	4560	4650	4770	4800	4900
品质型	2700	2760	3200	3560	3670	3880	4100	4220

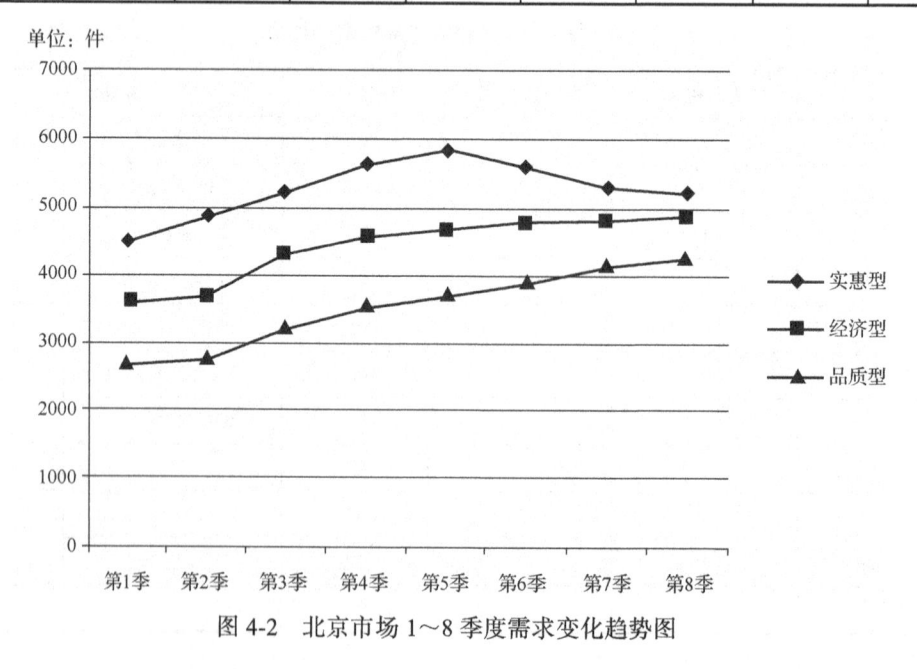

图 4-2 北京市场 1~8 季度需求变化趋势图

2. 上海市场产品需求量预测

上海市场产品需求量预测如表 4-21，图 4-3 所示。

表 4-21　上海市场 1~8 季度需求量（10 组总量）

单位：件

消费群体	第1季	第2季	第3季	第4季	第5季	第6季	第7季	第8季
实惠型		4100	4400	4560	5000	5570	6000	6500
经济型		5200	5570	5880	6000	6200	6250	6300
品质型		5350	5360	5520	5330	5450	5650	5750

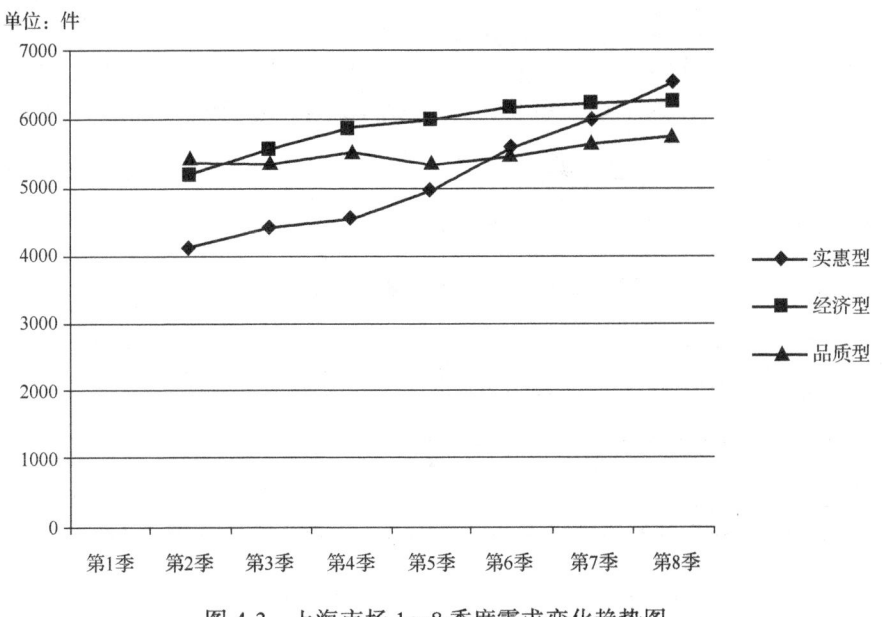

图 4-3　上海市场 1~8 季度需求变化趋势图

3. 广州市场产品需求量预测

广州市场产品需求量预测如表 4-22，图 4-4 所示。

表 4-22　广州市场 1~8 季度需求量（10 组总量）

单位：件

消费群体	第1季	第2季	第3季	第4季	第5季	第6季	第7季	第8季
实惠型			3990	4100	4250	4780	4650	4550
经济型			4550	4650	4770	4700	4880	5000
品质型			4850	4990	5250	5050	5210	5290

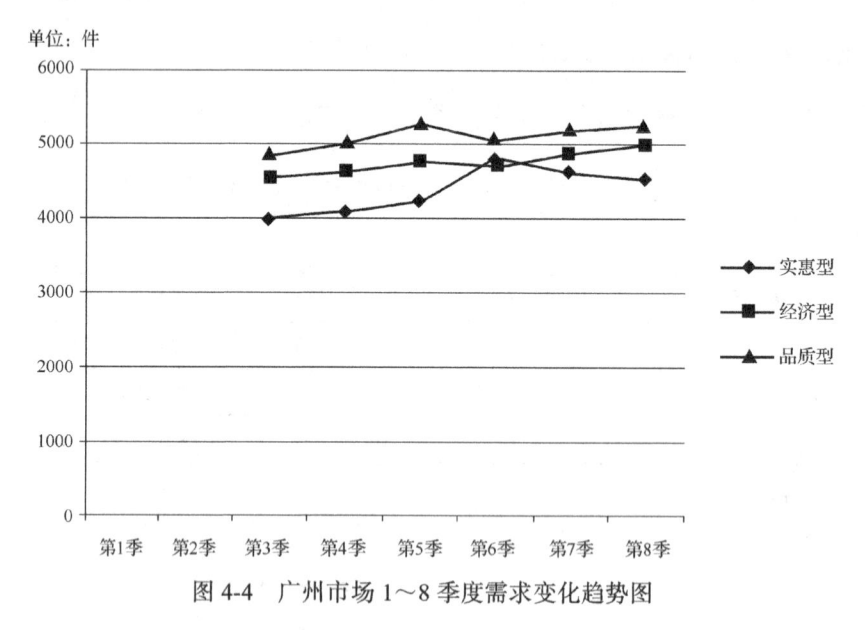

图4-4 广州市场1~8季度需求变化趋势图

4. 武汉市场产品需求量预测

武汉市场产品需求量预测如表4-23所示。

表4-23 武汉市场1~8季度需求量(10组总量)

单位：件

消费群体	第1季	第2季	第3季	第4季	第5季	第6季	第7季	第8季
实惠型			4310	4700	4790	4860	5110	5350
经济型			3860	4000	4080	4120	4330	4450
品质型			3310	3600	3940	3870	3920	3900

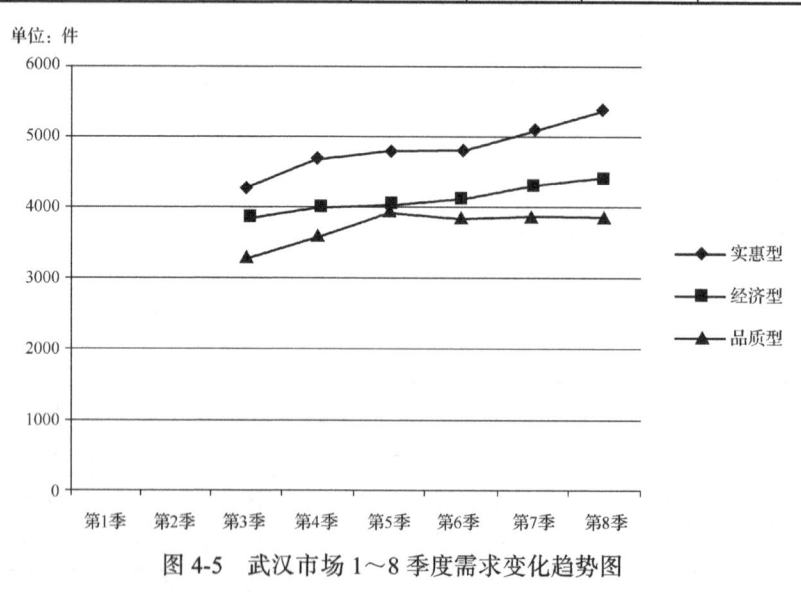

图4-5 武汉市场1~8季度需求变化趋势图

第四章　企业运营方案编制

5. 成都市场产品需求量预测

成都市场产品需求量预测如表4-24，如图4-6所示。

表4-24　成都市场1～8季度需求量（10组总量）

单位：件

消费群体	第1季	第2季	第3季	第4季	第5季	第6季	第7季	第8季
实惠型				3360	3550	3760	3860	3990
经济型				4350	4550	4650	4600	4800
品质型				3110	3350	3350	3650	3700

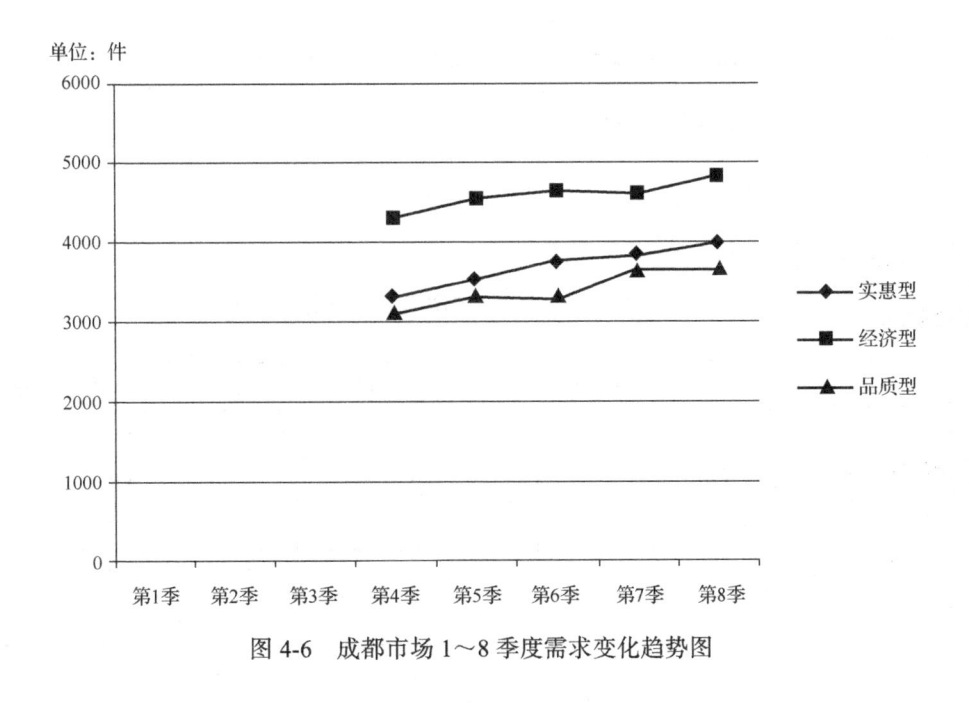

图4-6　成都市场1～8季度需求变化趋势图

6. 消费群体需求汇总量

消费群体需求汇总量如表4-25，如图4-7所示。

表4-25　消费群体1～8季度需求汇总量（10组总量）

单位：件

消费群体	第1季	第2季	第3季	第4季	第5季	第6季	第7季	第8季
实惠型	4500	8980	17 900	22 320	23 430	24 530	24 960	25 590
经济型	3600	8880	18 280	23 440	24 050	24 440	24 860	25 450
品质型	2700	8110	16 720	20 780	21 540	21 600	22 530	22 860

单位：件

图 4-7　消费群体 1~8 季度需求总量变化趋势图

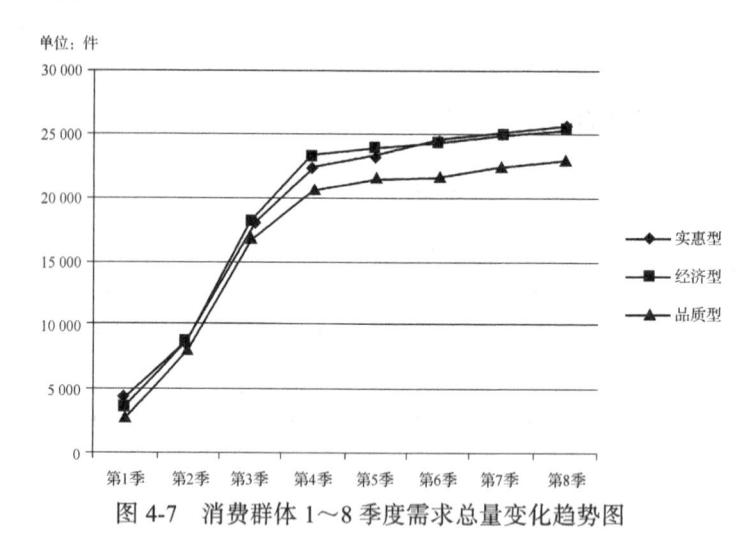

（二）消费群体可接受价格变化趋势

1. 品质型客户可接受最高价格变化趋势

品质型客户可接受最高价格变化趋势如表 4-26，图 4-8 所示。

表 4-26　品质型客户 1~8 季度可接受最高价格

单位：元/件

市场	第1季	第2季	第3季	第4季	第5季	第6季	第7季	第8季
北京市场	150	145	140	135	138	142	135	130
上海市场	150	160	150	155	158	148	135	142
广州市场	150	130	128	125	127	128	125	125
武汉市场	150	144	130	125	128	127	124	130
成都市场	150	143	132	124	130	125	125	124

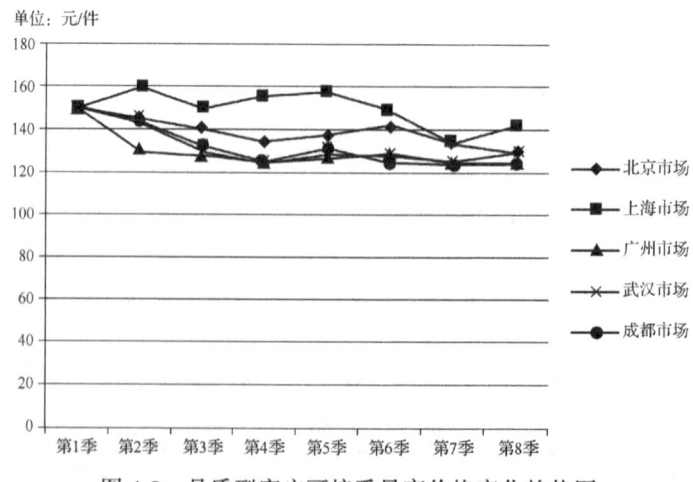

图 4-8　品质型客户可接受最高价格变化趋势图

第四章 企业运营方案编制

2. 经济型客户可接受最高价格变化趋势

经济型客户可接受最高价格变化趋势如表4-27，图4-9所示。

表4-27 经济型客户1~8季度可接受最高价格

单位：元/件

市场	第1季	第2季	第3季	第4季	第5季	第6季	第7季	第8季
北京市场	120	118	112	108	103	105	95	95
上海市场	120	118	122	118	113	115	110	112
广州市场	120	113	112	108	106	105	102	105
武汉市场	120	117	110	104	100	104	102	104
成都市场	120	117	113	107	102	105	103	103

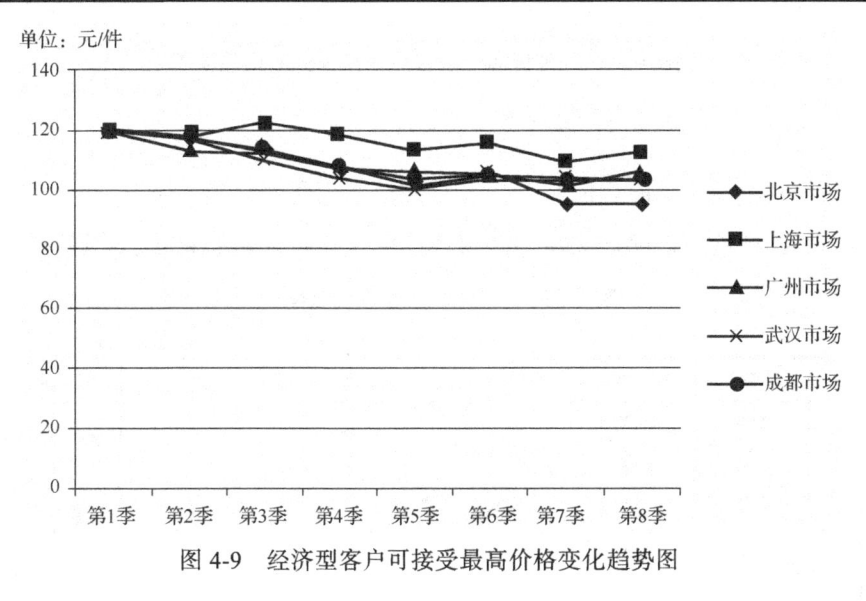

图4-9 经济型客户可接受最高价格变化趋势图

3. 实惠型客户可接受最高价格变化趋势

实惠型客户可接受最高价格变化趋势如表4-28，图4-10所示。

表4-28 实惠型客户1~8季度可接受最高价格

单位：元/件

市场	第1季	第2季	第3季	第4季	第5季	第6季	第7季	第8季
北京市场	90	95	90	85	80	75	75	70
上海市场	90	100	102	96	97	93	95	90
广州市场	90	86	89	92	85	77	85	80
武汉市场	90	96	88	84	82	81	80	85
成都市场	90	93	91	85	84	82	79	80

单位：元/件

图 4-10 经济型客户可接受最高价格变化趋势图

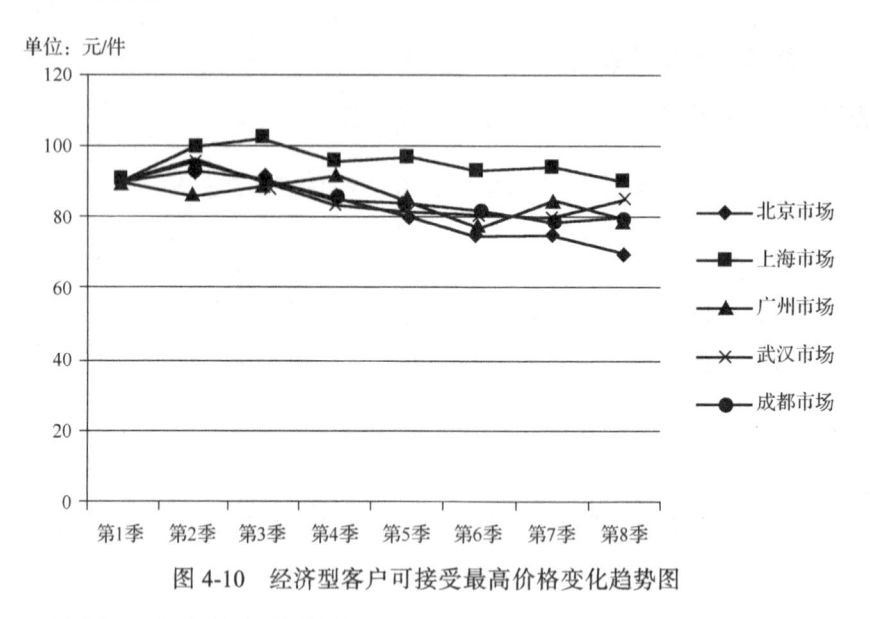

（三）原材料采购价格变化趋势

原料的采购价格不是固定的，它随着季度的变化而变化（表4-29）。

原料的采购价格不是固定的，它随着季度的变化而变化如表4-29所示。

表 4-29 原材料 1～8 季度采购价格

单位：元

市场	第1季	第2季	第3季	第4季	第5季	第6季	第7季	第8季
玻璃包装纸	2.00	1.80	2.00	2.10	2.10	2.10	2.00	1.80
纸质包装盒	4.00	4.20	4.50	4.30	4.00	3.70	3.60	3.50
金属包装盒	6.00	6.20	6.50	5.60	6.90	7.10	7.20	7.20
短平绒	10.00	11.00	11.00	12.00	13.00	12.00	12.00	12.00
松针绒	15.00	17.00	17.00	18.00	17.00	19.00	18.00	18.00
玫瑰绒	20.00	21.00	21.00	21.00	20.00	18.00	16.00	15.00
PP 棉	15.00	16.00	16.00	16.00	15.00	17.00	17.00	16.00
珍珠棉	21.00	23.00	23.00	26.00	26.00	25.00	27.00	28.00
棉花	25.00	26.00	26.00	29.00	30.00	30.00	31.00	32.00
发声装置	3.00	3.10	3.10	3.40	3.20	3.00	2.90	3.30
发光装置	4.00	4.80	4.80	5.10	5.20	5.20	5.20	5.40

说明：如果资金允许，公司当然可以考虑在价格低谷期多采购一些。

（四）消费群体对资质认证需求趋势

在不同的市场下，不同的订单对资质认证要求各不相同，表 4-30 是各市场对资质认证要求的详细情况。

表 4-30 市场资质认证要求趋势

市场	群体	第2季	第3季	第4季	第5季	第6季	第7季	第8季
北京	品质型	ISO9001		✓	✓	✓	✓	✓
		ICTI认证					✓	✓
	经济型	ISO9001			✓	✓	✓	✓
		ICTI认证						✓
	实惠型	ISO9001				✓	✓	✓
		ICTI认证						✓
上海	品质型	ISO9001		✓	✓	✓	✓	✓
		ICTI认证					✓	✓
	经济型	ISO9001			✓	✓	✓	✓
		ICTI认证						✓
	实惠型	ISO9001				✓	✓	✓
		ICTI认证						✓
广州	品质型	ISO9001			✓	✓	✓	✓
		ICTI认证					✓	✓
	经济型	ISO9001			✓	✓	✓	✓
		ICTI认证						✓
	实惠型	ISO9001				✓	✓	✓
		ICTI认证						✓
武汉	品质型	ISO9001				✓	✓	✓
		ICTI认证					✓	✓
	经济型	ISO9001					✓	✓
		ICTI认证						✓
	实惠型	ISO9001					✓	✓
		ICTI认证						✓
成都	品质型	ISO9001					✓	✓
		ICTI认证						✓
	经济型	ISO9001					✓	✓
		ICTI认证						✓
	实惠型	ISO9001					✓	✓
		ICTI认证						✓

五、企业运营方案编制

(一)销售目标的确定

确定销售目标是企业经营规划的第一步。确定销售目标的依据是市场需求预测量和企业战略目标。确定销售目标的方法有两种:

方法一:计算平均市场占有量,确定目标加成率,算出销售目标。

销售目标=平均市场占有量×(1+加成率)

表4-31 销售目标加成率(假定竞争企业为10家)

消费群体	北京	上海	广州	武汉	成都
实惠型	/	+10%	/	/	/
经济型	+10%	+30%	+10%	+10%	+10%
品质型	+20%	+20%	+20%	+20%	+20%

方法二:掌握市场需求总量,确定目标市场占有率,算出销售目标。

销售目标=市场需求总量×目标市场占有率

表4-32 目标市场占有率(假定竞争企业为10家)

消费群体	北京	上海	广州	武汉	成都
实惠型	10%	11%	10%	10%	10%
经济型	11%	13%	11%	11%	11%
品质型	12%	12%	12%	12%	12%

说明:在地理上把上海市场确定为重点目标市场,在消费群体上按品质型—经济型—实惠型的顺序确定目标重点程度,其中,上海市场经济型群体为重中之重。

这两种方法计算的结果是一样的。假定这里获得的数据是市场需求总量(表4-33、表4-34、表4-35、表4-36、表4-37),那么按方法二(表4-32)目标市场占有率来计算销售目标(表4-38、表4-39、表4-40、表4-41、表4-42、表4-43、图4-11)就比较直接一些。

第四章　企业运营方案编制

表 4-33　北京市场 1~8 季市场需求预测总量

单位：件

消费群体	第1季	第2季	第3季	第4季	第5季	第6季	第7季	第8季
实惠型	4500	4880	5200	5600	5840	5560	5340	5200
经济型	3600	3680	4300	4560	4650	4770	4800	4900
品质型	2700	2760	3200	3560	3670	3880	4100	4220

表 4-34　上海市场 1~8 季市场需求预测总量

单位：件

消费群体	第1季	第2季	第3季	第4季	第5季	第6季	第7季	第8季
实惠型		4100	4400	4560	5000	5570	6000	6500
经济型		5200	5570	5880	6000	6200	6250	6300
品质型		5350	5360	5520	5330	5450	5650	5750

表 4-35　广州市场 1~8 季市场需求预测总量

单位：件

消费群体	第1季	第2季	第3季	第4季	第5季	第6季	第7季	第8季
实惠型			3990	4100	4250	4780	4650	4550
经济型			4550	4650	4770	4700	4880	5000
品质型			4850	4990	5250	5050	5210	5290

表 4-36　武汉市场 1~8 季市场需求预测总量

单位：件

消费群体	第1季	第2季	第3季	第4季	第5季	第6季	第7季	第8季
实惠型			4310	4700	4790	4860	5110	5350
经济型			3860	4000	4080	4120	4330	4450
品质型			3310	3600	3940	3870	3920	3900

表 4-37　成都市场 1～8 季市场需求预测总量

单位：件

消费群体	第1季	第2季	第3季	第4季	第5季	第6季	第7季	第8季
实惠型				3360	3550	3760	3860	3990
经济型				4350	4550	4650	4600	4800
品质型				3110	3350	3350	3650	3700

——销售目标(含汇总量)计算结果

表 4-38　北京市场 1～8 季销售目标量

单位：件

消费群体	第1季	第2季	第3季	第4季	第5季	第6季	第7季	第8季
实惠型	450	488	520	560	584	556	534	520
经济型	396	405	473	502	512	525	528	539
品质型	324	331	384	427	440	466	492	506

表 4-39　上海市场 1～8 季销售目标量

单位：件

消费群体	第1季	第2季	第3季	第4季	第5季	第6季	第7季	第8季
实惠型		451	484	502	550	613	660	715
经济型		676	724	764	780	806	813	819
品质型		642	643	662	640	654	678	690

表 4-40　广州市场 1～8 季销售目标量

单位：件

消费群体	第1季	第2季	第3季	第4季	第5季	第6季	第7季	第8季
实惠型			399	410	425	478	465	455
经济型			501	512	525	517	537	550
品质型			582	599	630	606	625	635

第四章　企业运营方案编制

表 4-41　武汉市场 1~8 季销售目标量

单位：件

消费群体	第1季	第2季	第3季	第4季	第5季	第6季	第7季	第8季
实惠型			431	470	479	486	511	535
经济型			425	440	449	453	476	490
品质型			397	432	473	464	470	468

表 4-42　成都市场 1~8 季销售目标量

单位：件

消费群体	第1季	第2季	第3季	第4季	第5季	第6季	第7季	第8季
实惠型				336	355	376	386	399
经济型				479	501	512	506	528
品质型				373	402	402	438	444

表 4-43　销售目标汇总量（按消费群体汇总）

单位：件

消费群体	第1季	第2季	第3季	第4季	第5季	第6季	第7季	第8季
实惠型	450	939	1834	2278	2393	2509	2556	2624
经济型	396	1081	2122	2696	2766	2812	2860	2926
品质型	324	973	2006	2494	2585	2592	2704	2743

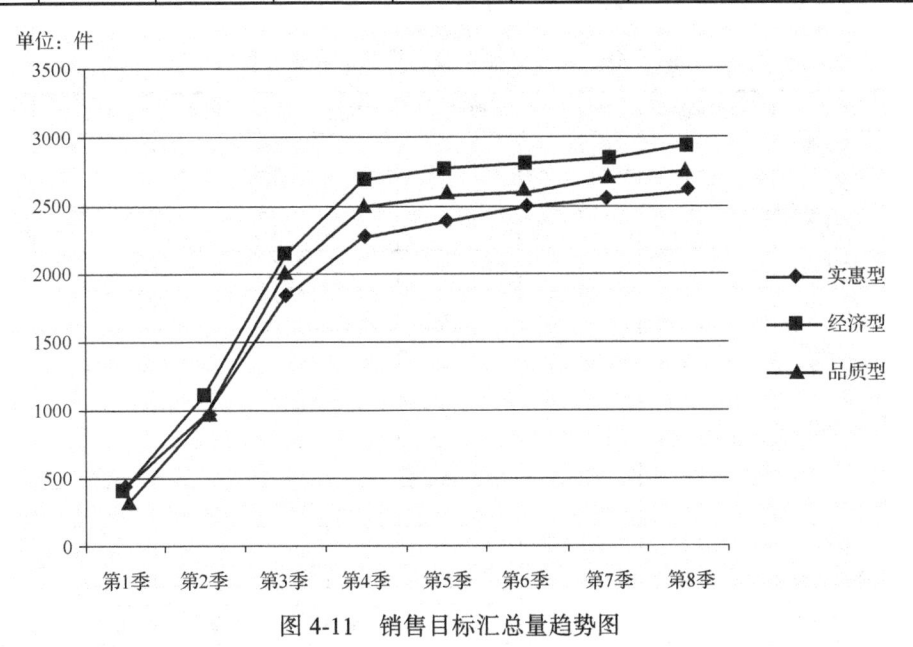

图 4-11　销售目标汇总量趋势图

(二)产品组合策略

1. 产品组合策略需求考虑的因素

(1)产品组合数量。产品组合上限数是 6 款,如果公司战略是差异化策略,那么就应该用足指标,设计和研发完 6 款产品;如果公司采取集中化或无差异化策略,那么就只设计 2~3 款产品。

(2)产品组合结构。假定设计 6 款产品,如何对所有细分市场平均分配,那么就是"品质型:经济型:实惠型=2:2:2"。如果侧重品质型,也可以品质型设计 3 款,经济型设计 2 款,实惠型设计 1 款。具体策略取决于公司的总体战略。

(3)产品功能诉求。产品功能越能满足消费群体的诉求,就越容易获得消费群体的好评,自然就更容易获得销售订单。

(4)产品功能配置。如果产品功能配置低(研发系数低),则产品无须研发过程,可以直接投产。如果公司计划第 1 季度就开始投产一些产品,则这些产品的功能配置就要低一些(研发系数≤0.4)。设计简单、功能配置越低的产品,越容易投产和形成销量,成本也越低,但后期的竞争力会逐步削弱。但并非说配置越高的产品就越符合消费群体的功能诉求,最失败的策略是产品功能配置高了,消费群体还不一定认账。

2. 初步确定的产品组合策略(表 4-44)

初步确定的产品组合策略如表 4-44 所示。

表 4-44 基于 6 款产品上限的产品组合策略

BOM		研发系数	实惠1	经济1	品质1	实惠2	经济2	品质2
包装	玻璃纸	0.1	●	●	●	●		
	纸盒	0.2					●	
	金属盒	0.3						●
面料	短平绒	0.1	●	●	●	●		
	松针绒	0.2					●	
	玫瑰绒	0.3						●
填充物	PP棉	0.1	●					
	珍珠棉	0.2					●	
	棉花	0.3						●
辅助装置	发声	0.1		●	●	●	●	
	发光	0.2						●
研发系数合计			0.3	0.4	0.4	0.4	0.7	1
计划设计研发时间			第1季	第1季	第1季	第2季	第2季	第2季
计划上线投产时间			第1季	第1季	第1季	第2季	第3季	第3季

(三)生产能力的确定

"以销定产"原理讲的就是企业生产规模(生产能力)做多大,要根据销售目标来确定。生产能力的需求具体体现为生产设备的需求量,这与生产设备的先进性相关。使用先进生产设备和落后生产设备,生产线的需求量是不同的。表4-45是1~8季度完成销售目标(不考虑生产外包)使用不同级别生产线的需求量。

表4-45 完成1~8季度销售目标不同生产线的需求量(条)

设备目标需求	销售	第1季 1170件	第2季 2993件	第3季 5963件	第4季 7467件	第5季 7743件	第6季 7913件	第7季 8119件	第8季 8293件
	手工线	1.86	4.75	9.46	11.85	12.29	12.56	12.89	13.16
	自动线	1.08	2.77	5.52	6.91	7.17	7.33	7.52	7.68
	柔性线	0.72	1.85	3.68	4.61	4.78	4.88	5.01	5.12
取整	手工线	2	5	10	12	13	13	13	14
	自动线	2	3	6	7	8	8	8	8
	柔性线	1	2	4	5	5	5	6	6

说明:

(1)手工线实际产能:设计产能1000件,未经培训工人产能最高900件,可投产=900件,成品率=70%,实际产出=900×70%=630(件)

(2)自动线实际产能:设计产能1500件,未经培训工人产能最高1350件,可投产=1350件,成品率=80%,实际产出=1350×80%=1080(件)

(3)柔性线实际产能:设计产能2000件,未经培训工人产能最高1800件,可投产=1800件,成品率=90%,实际产出=1800×90%=1620(件)

● 初步确定的产能策略(表4-46)。

表4-46 初步确定的产能计划

单位:条

设备类型	第1季	第2季	第3季	第4季	第5季	第6季	第7季	第8季
手工线	3	0	0	0	0	0	0	0
自动线	0	0	0	0	0	0	0	0
柔性线	(3)	3+(1)	4+(1)	5+(1)	6	6	6	6

说明：第1季度购置3条手工线和3条柔性线，其中3条手工线开始运行(不打括号表示运行)，3条柔性线安装当中(打括号表示在建项目)，第1季度末卖掉3条手工线(可以在决策时预售，产品下线后自动售出)；第2季度3条柔性线建成运行，再购置安装1条柔性线；第3季度运行的柔性线达到4条，再购置安装1条柔性线；第4季度运行的柔性线达到5条，再购置安装1条柔性线；第5季度之后，运行的柔性线达到6条。以上计划中，第1、2季度的产能有些过剩，目的是赢得销售上的主动，即在市场竞争宽松的情况下可以争取更多的销售量。但这个计划在资金约束上是否行得通目前还不知道，还要经过现金流量预算等财务检验才能确定。

(四)销售渠道策略

整个市场根据地理划分为北京市场、上海市场、广州市场、武汉市场和成都市场五个片区，市场开拓的主要任务是建立零售渠道。各市场片区零售渠道建立的时间和费用都有一定的差异。市场渠道越多，企业的销售潜力越大，如果企业的生产能力足够，一般五个市场要全部开发才具有竞争力。如果第1季度全面开发，到第4季度五个市场都可以进入(表4-47)，公司将可以获得更多的订单。

表4-47 各市场开发周期和开发费用

市场\季度	第1季	第2季	第3季	第4季	第5季	第6季	第7季	第8季
北京	√	√	√	√	√	√	√	√
上海	投入	√	√	√	√	√	√	√
广州	投入	投入	√	√	√	√	√	√
武汉	投入	投入	√	√	√	√	√	√
成都	投入	投入	投入	√	√	√	√	√
支出预算(元)	80 000	60 000	20 000					

说明：市场开发每季费用为20 000元，其中，北京市场无须开发。

(五)产品价格策略

1. 产品价格策略需要考虑的因素

(1)产品成本。产品成本=直接材料费+直接人工费+制造费用。直接材料费由产品的构成决定，同时受采购批量折扣和废品材料分摊成本的影响；直接人工费包括工人工资与五险一金等费用；制造费用包括厂房租金、设备折旧、设备维护和车间管理等费用。

配置低、成本低的产品，价格可以定得低一些；配置高、成本高的产品，价格可以定得高一些。

(2) 战略目标。如果公司计划做大做强并拥有更多的市场占有率，一般会选择薄利多销战略，以较低的价格参与竞争。相反，如果是想以稳健取胜，拥有更高的利润率，一般会选择较高价格的策略参与竞争。另外，重点目标市场在前期产品价格应该比竞争对手定得低一些，以建立市场地位优势。

(3) 消费者特性。不同消费群体对价格的敏感性是不一样的，在这里，品质型群体对价格就不那么敏感，降低价格对获取订单的帮助没有那么大，而实惠型群体对价格的敏感性就很大，适当降低价格可以赢取更多的销售订单。

(4) 市场竞争状况。产品价格策略当然不能墨守成规，除了考虑前面的因素之外，还要考虑市场竞争的状况。在市场竞争激烈时，价格要适当降低，而在市场竞争不那么激烈的时候，例如后期有相当部分企业破产了，价格就可以适当提高，甚至按最高价出售产品。当然，抢夺订单不是只有降价一种手段，有时候采用广告、人员促销等其他手段或许更为有效。

2. 成本核算

(1) 直接材料费核算（表 4-48、表 4-49）。

表 4-48 单位产品的直接材料费

BOM		价格(元)	实惠1	经济1	品质1	实惠2	经济2	品质2
包装	玻璃纸	2	●	●	●	●		
	纸盒	4					●	
	金属盒	6						●
面料	短平绒	10	●	●				
	松针绒	15					●	
	玫瑰绒	20						●
填充物	PP棉	16	●			●		
	珍珠棉	25					●	
	棉花	30						●
辅助装置	发声	3		●		●	●	
	发光	5						
原始直接材料费合计(元)			28	31	31	31	47	61
折扣后直接材料费(元)			22.4	24.8	24.8	24.8	37.6	48.8

表 4-49　废品分摊后的单位产品直接材料费

单位：元

生产线成品率 \ 直接材料费		实惠 1	经济 1	品质 1	实惠 2	经济 2	品质 2
手工线	70%	32.0	35.4	35.4	35.4	53.7	69.7
自动线	80%	28.0	31.0	31.0	31.0	47.0	61.0
柔性线	90%	24.9	27.6	27.6	27.6	41.8	54.2

（2）直接人工费核算（表 4-50）。

表 4-50　单位产品的直接人工费

生产线种类	每条线工人限额（人）	工资（元/人）	五险（元/人）	生产线满负荷人工费（元/人）	每条线标准产量（件）	单位产品直接人工费（元/人）
手工线	2	3000	933	7866	630	12.5
自动线	3	3000	933	11 799	1080	10.9
柔性线	4	3000	933	15 732	1620	9.7

说明：五险按工资的 31.1% 计算。

（3）制造费用核算（表 4-51）。

表 4-51　单位产品的制造费用

费用单位：元

设备类型	每条生产线须分摊的固定费用						单位变动费用	单位制造费用
	厂房租金	设备折旧	维护费	车间管理	合计	按产量分摊		
手工线	1250	2000	2000	2000	7250	11.5	4	15.5
自动线	1250	4000	2500	3000	10750	10.0	3	13.0
柔性线	1250	6000	3000	4000	14 250	8.8	2	10.8

说明：厂房租金=5000÷4=1250 元/条；设备折旧=设备价值×5%；

维护费按规则执行；　　　　　　车间管理费=1000 元×配置工人数；

单位固定费用=合计费用/标准产量（手工线 630、自动线 1080、柔性线 1620）；

单位变动费用=单位加工费；　　单位制造费用=单位固定费用+单位变动费用。

(4) 单位产品成本 (表 4-52)。

表 4-52 单位产品的生产成本

单位：元

单位产品成本		实惠 1	经济 1	品质 1	实惠 2	经济 2	品质 2
手工线	落后线	60.0	63.4	63.4	63.4	81.7	97.7
自动线	中等线	51.9	54.9	54.9	54.9	70.9	84.9
柔性线	先进线	45.4	48.1	48.1	48.1	62.3	74.7

说明：由这里可以看到，使用落后的手工线，产品成本很高，如果用来生产配置高的产品，更是没有什么钱赚。

3. 初步确定的产品价格策略

初步确定的产品价格策略如表 4-53 所示。

表 4-53 产品定价范围与平均价格

单位：元

市场	定价	实惠 1	经济 1	品质 1	实惠 2	经济 2	品质 2
北京	定价范围	70~82	90~100	110~130	76~90	95~105	120~140
上海	定价范围	70~82	90~100	110~130	76~90	95~105	120~140
广州	定价范围	70~82	90~100	110~130	76~90	95~105	120~140
武汉	定价范围	70~82	90~100	110~130	76~90	95~105	120~140
成都	定价范围	70~82	90~100	110~130	76~90	95~105	120~140
平均价格		76	95	120	83	100	130

说明：

(1) 每个季度各个市场都有不同的最高限价，具体定价应该参考这个最高限价，并预估竞争对手的报价水平；

(2) 产品报价要综合分析自己的供货能力与竞争状况，如果公司在产品配置、市场地位、销售能力、广告宣传方面的获取订单能力(分数)足够强(具体可见竞赛篇)，已经可以赢得足够的订单，公司就完全可以不降价销售。

4. 按平均价格计算的毛利率水平

按平均价格计算的毛利率水平如表 4-54 所示。

表 4-54 根据平均价格和柔性线生产成本计算的毛利率水平

产品	实惠1	经济1	品质1	实惠2	经济2	品质2
平均价格（元）	76	95	120	83	100	130
生产成本（元）	45.4	48.1	48.1	48.1	62.3	74.7
各产品毛利率	40%	49%	60%	42%	38%	43%

说明：毛利是指还没有考虑销售费用、管理费用、财务费用和税金等的利润，仅仅是"销售收入–产品成本"。

5. 按平均价格计算的销售收入预算

按平均价格计算的销售收入预算如表 4-55、表 4-56 所示。

表 4-55 按比例分拆的各款产品销售量

单位：件

销售量	第1季	第2季	第3季	第4季	第5季	第6季	第7季	第8季
实惠1	450	376	734	911	957	1003	1022	1050
实惠2	/	563	1100	1367	1436	1505	1534	1574
经济1	396	1081	849	1078	1106	1125	1144	1170
经济2	/	/	1273	1618	1659	1687	1716	1755
品质1	324	973	803	997	1034	1037	1081	1097
品质2	/	/	1204	1496	1551	1555	1622	1646

说明：各产品销售量以"表 4-55 销售目标汇总量"为依据，在同一消费群体出现两款产品销售时，按前者夺得 40%订单、后者夺得 60%订单来预计各产品销售量。

表 4-56 按平均价格计算的销售收入预算

单位：元

销售收入	第1季	第2季	第3季	第4季	第5季	第6季	第7季	第8季
实惠1	34 200	28 546	55 754	69 239	72 747	76 264	77 702	79 770
实惠2	/	46 762	91 333	113 424	119 171	124 933	127 289	130 675
经济1	37 620	102 676	80 644	102 448	105 089	106 871	108 665	111 169
经济2	/	/	127 332	161 760	165 930	168 744	171 576	175 530

续表

销售收入	第1季	第2季	第3季	第4季	第5季	第6季	第7季	第8季
品质1	38 880	116 784	96 307	119 693	124 070	124 416	129 773	131 674
品质2	/	/	156 499	194 501	201 614	202 176	210 881	213 970
合计	110 700	294 768	607 869	761 065	788 622	803 405	825 886	842 787

说明：销售收入仅按平均价格进行预算，各个季度按价格波动做调整将更准确。

（六）广告促销策略

1. 人员推销

公司能在渠道上拿到多少销售订单取决于销售人员的数量及其能力。一个销售人员在一个市场上同一款产品最多只能销售500件（当然，如果在同一市场上销售多款产品是可以销售多个500件的）。如果公司想在该市场上销售某一款产品多于500件，至少需要安排2个以上的销售人员。另外，增加销售人员的数量和提高销售人员的素质（例如培训）是可以增加公司获取销售订单的能力的，因此对于重点目标市场可以适当增加销售人员数量。根据公司的战略定位，初步制订的销售人员计划如表4-57所示。

表4-57 销售人员计划

单位：人

销售人员数量	第1季	第2季	第3季	第4季	第5季	第6季	第7季	第8季
北京市场	1	1	1	1	1	1	1	1
上海市场		3	3	3	3	3	3	3
广州市场			2	2	2	2	2	2
武汉市场			1	1	1	1	1	1
成都市场				1	1	1	1	1
合计	1	4	7	8	8	8	8	8

2. 广告宣传

广告宣传是企业比较常用的促销手段。假定广告宣传是面向所有市场的，因此只针对产品投放。广告投放额一般起步价是1000元，公司也可以选择不打广告。增加广告投放自然可以增强获取订单的能力，但不同的消费者群体对广告的敏感度是不一样的。品质型群体对广告的敏感度强，而实惠型对广告的敏感度弱。

按销售收入的 10%来计算广告投放额是市场的一般做法，但还要根据实际情况进行调整，例如，把后期的广告投放资金适当前移，一些配置低、定位高的产品也应该多投放一些广告。初步制订的广告投放计划如表 4-58、表 4-59 所示。

表 4-58　按销售收入与广告投放比重计算的广告投放额

单位：元

广告投放额	第1季	第2季	第3季	第4季	第5季	第6季	第7季	第8季
实惠 1	1710	1427	2788	3462	3637	3813	3885	3988
实惠 2		1403	2740	3403	3575	3748	3819	3920
经济 1	3386	9241	7258	9220	9458	9618	9780	10 005
经济 2			7640	9706	9956	10 125	10 295	10 532
品质 1	5832	17 518	14 446	17 954	18 611	18 662	19 466	19 751
品质 2			12 520	15 560	16 129	16 174	16 870	17 118
合计	10 928	29 589	47 392	59 305	61 366	62 141	64 115	65 314

说明：实惠 1、实惠 2、经济 1、经济 2、品质 1、品质 2 的广告投放比重(策略)分别设定为 5%、3%、9%、6%、15%、8%。

表 4-59　调整之后的广告投放计划

单位：元

广告投放额	第1季	第2季	第3季	第4季	第5季	第6季	第7季	第8季
实惠 1	2000	2000	2000	2000				
实惠 2		1 500	2000	2000				
经济 1	5000	10 000	10 000	10 000				
经济 2			10 000	10 000				
品质 1	10 000	20 000	16 000	16 000				
品质 2			15 000	15 000				
合计	17 000	33 500	55 000	55 000				

说明：未来不确定较大，仅计划到第 4 季度；广告投放是有累积效应的，投入当季效应为 100%，下季度的效应仍然保留 40%，再下个季度再保留 40% 的 40%(以参数设置为准)。

(七)升级培训策略

1. 生产设备升级策略

设备升级一次的费用是 1000 元,以柔性线为例,成品率提高 1%,在工人未经培训的情况下一个季度投产 1800 件可增加成品 18 件。根据不同产品的毛利预算,生产不同产品的收益见表 4-60 所示。

表 4-60 升级一次设备带来的收益

产品名称	增加产量(件)	单位产品毛利(元)	增加收益(元)
实惠 1	18	30.6	551
实惠 2	18	34.9	629
经济 1	18	51.9	935
经济 2	18	42.7	769
品质 1	18	81.9	1475
品质 2	18	65.3	1175

结论:升级改良的柔性线用来生产品质型产品,一个季度即可收回投资;即使是生产实惠型产品,设备升级之后 2 个季度即可收回 1000 元的投资成本,所以设备升级还是划算的,只要资金允许,应该考虑升级设备。

2. 生产工人培训策略

工人的基本生产能力是 450 件/季,工人培训一次的费用是 300 元,提升 3%的能力,相当于增加 13.5 个产品,再按 90%成品率计算,每季度可以增加 12 个产品。根据不同产品的毛利预算,生产不同产品的收益见表 4-61 所示。

表 4-61 培训一次工人带来的收益

产品名称	增加产量(件)	单位产品毛利(元)	增加收益(元)
实惠 1	12	30.6	367
实惠 2	12	34.9	419
经济 1	12	51.9	623
经济 2	12	42.7	512
品质 1	12	81.9	983
品质 2	12	65.3	784

结论：不管是生产什么产品，工人培训的投资一个季度即可收回。所以，只要资金允许，理应加强工人培训。

3. 销售人员培训策略

销售人员的培训费用是每次 500 元，可以提升 5%的销售能力，相当于 1/20 个销售人员的销售能力。而一个销售人员的工资+五险是 4720 元/季度，培训费用相当于工资+五险的 1/10，单从一个季度来看培训是不划算的，还不如多招聘一个业务员。但培训费是一次性支出的，只要发挥作用在 2 个季度以上，从经济效益上讲就是划算的。当然了，销售人员的培训效用不是直接发挥的，它是通过增加销售能力评分以赢取更多的订单这个方式来间接发挥作用的。所以，如果销售能力足够了就可以不培训。

（八）财务预算检验

1. 产品研发计划与资金预算

产品研发计划与资金预算如表 4-62 所示。

表 4-62　产品研发计划与资金预算支出

产品	第1季	第2季	第3季	第4季	第5季	第6季	第7季	第8季
实惠 1	设计							
经济 1	设计							
品质 1	设计							
实惠 2		设计						
经济 2		设计+研发						
品质 2		设计+研发						
支出（元）	90 000	140 000						

2. 市场开发计划与资金预算

市场开发计划与资金预算如表 4-63 所示。

表 4-63　市场开发计划与资金预算支出

产品	第1季	第2季	第3季	第4季	第5季	第6季	第7季	第8季
北京	√	√	√	√				
上海	开发	√	√	√				

续表

产品	第1季	第2季	第3季	第4季	第5季	第6季	第7季	第8季
广州	开发	开发	√	√				
武汉	开发	开发	√	√				
成都	开发	开发	开发	√				
支出(元)	80 000	60 000	20 000					

3. 销售人员计划与资金预算

销售人员计划与资金预算如表4-64所示。

表4-64 销售人员计划与资金预算支出

项目	第1季	第2季	第3季	第4季	第5季	第6季	第7季	第8季
人员数量(人)	1	4	7	8	8	8	8	8
员工培训(人)						/		
招聘费用(元)	500	1500	1500	500				
人员工资(元)	3600	14 400	25 200	28 800	28 800	28 800	28 800	28 800
五险费用(元)	1120	4478	7837	8957	8957	8957	8957	8957
培训费用(元)			2000	2500				
支出(元)	5220	20 378	36 537	40 757	37 757	37 757	37 757	37 757

4. 销售收入计划与资金预算

销售收入计划与资金预算如表4-65所示。

表4-65 销售收入计划与资金预算

单位：元

产品	第1季	第2季	第3季	第4季	第5季	第6季	第7季	第8季
实惠1	34 200	28 546	55 754	69 239	72 747	76 264	77 702	79 770
实惠2	/	46 762	91 333	113 424	119 171	124 933	127 289	130 675
经济1	37 620	102 676	80 644	102 448	105 089	106 871	108 665	111 169
经济2	/	/	127 332	161 760	165 930	168 744	171 576	175 530
品质1	38 880	116 784	96 307	119 693	124 070	124 416	129 773	131 674
品质2	/	/	156 499	194 501	201 614	202 176	210 881	213 970
收入	110 700	294 768	607 869	761 065	788 622	803 405	825 886	842 787

5. 广告投放计划与资金预算

广告投放计划与资金预算如表 4-66 所示。

表 4-66　广告投放计划与资金预算

单位：元

产品	第1季	第2季	第3季	第4季	第5季	第6季	第7季	第8季
实惠1	2000	2000	2000	2000				
实惠2	/	1500	2000	2000				
经济1	5000	10 000	10 000	10 000				
经济2	/	/	10 000	10 000				
品质1	10 000	20 000	16 000	16 000				
品质2	/	/	15 000	15 000				
支出	17 000	33 500	55 000	55 000				

说明：仅规划 1~4 季度；后期的广告预算适当前移。

6. 生产能力计划与资金预算

生产能力计划与资金预算如表 4-67 所示。

表 4-67　生产能力计划与资金预算

单位：元

项目	第1季	第2季	第3季	第4季	第5季	第6季	第7季	第8季
厂房租用	1中1小	1中	1中1小	1中1小	1中1小	1中1小	1中1小	1中1小
设备运行	3手	3柔	4柔	5柔	6柔	6柔	6柔	6柔
设备安装	(1柔)	(1柔)	(1柔)	(1柔)				
厂房租金	8000	5000	8000	8000	8000	8000	8000	8000
设备投资	480 000	120 000	120 000	120 000				
出售设备	-120 000							
设备维护	6000	9000	12 000	15 000	18 000	18 000	18 000	18 000
支出	374 000	134 000	140 000	143 000	26 000	26 000	26 000	26 000

说明：第 1 季度预售 3 条手工线回收 120 000 元（第 1 季度卖不用折旧，回收资金 120 000 元）；在建生产线不交维护费。

第四章 企业运营方案编制

7. 设备升级计划与资金预算

设备升级计划与资金预算如表 4-68 所示。

表 4-68 设备升级计划与资金预算

单位：元

项目	第1季	第2季	第3季	第4季	第5季	第6季	第7季	第8季
设备升级			4柔	5柔	6柔			
资质认证		ISO	ISO	ICTI	ICTI	ICTI		
升级费用			4000	5000	6000			
认证费用		30 000	30 000	30 000	30 000	3000		
支出		30 000	34 000	35 000	36 000			

8. 生产工人计划与资金预算

生产工人计划与资金预算如表 4-69 所示。

表 4-69 生产工人计划与资金预算

项目	第1季	第2季	第3季	第4季	第5季	第6季	第7季	第8季
招聘人数(人)	6	6	4	4	4			
工人人数(人)	6	12	16	20	24	24	24	24
培训人数(人)		12	16	20				
招聘费(元)	3000	3000	2000	2000	2000			
工资(元)	18 000	36 000	48 000	60 000	72 000	72 000	72 000	72 000
五险(元)	5598	11 196	14 928	18 660	22 392	22 392	22 392	22 392
培训费(元)		3600	4800	6000				
支出(元)	26 598	53 796	69 728	86 660	96 392	94 392	94 392	94 392

9. 投产计划与资金预算

投产计划与资金预算如表 4-70 所示。

表 4-70 投产计划与资金预算

费用单位：元

项目	第1季	第2季	第3季	第4季	第5季	第6季	第7季	第8季
手工线1	900 实惠1							
手工线2	900 经济1							
手工线3	900 品质1							

续表

项目	第1季	第2季	第3季	第4季	第5季	第6季	第7季	第8季
柔性线1		1500 实惠2 300 实惠1	1500 实惠2 352 实惠1	1500 实惠2 408 实惠1				
柔性线2		1800 经济1	1000 经济1 852 经济2	1500 经济1 408 经济2				
柔性线3		1500 品质1 300 实惠1	1000 品质1 852 经济2	1200 品质1 708 经济2				
柔性线4			1800 品质2	1852 品质2				
柔性线5				1000 经济2 600 实惠1 200 品质2				
加工费	10 800	10 800	14 712	18 752				

说明：仅规划1-4季度；投产量变化是工人培训能力提高的结果。

10. 采购计划与资金预算

采购计划与资金预算如表4-71、表4-72、表4-73、表4-74、表4-75、表4-76所示。

表4-71 各产品投产计划

单位：件

项目	第1季	第2季	第3季	第4季	第5季	第6季	第7季	第8季
实惠1	900	800	352	1008				
实惠2		1300	1500	1500				
经济1	900	1800	1000	1500				
经济2			1704	2116				
品质1	900	1500	1000	1200				
品质2			1800	2052				
合计	2700	5400	7356	9376				

表4-72 产品BOM与原料价格

BOM	实惠1	实惠2	经济1	经济2	品质1	品质2	平均价格(元)
玻璃纸	√	√	√		√		2
纸盒				√			4
金属盒						√	6
短平绒	√	√	√		√		10

第四章 企业运营方案编制

续表

BOM	实惠1	实惠2	经济1	经济2	品质1	品质2	平均价格
松针绒				√			15
玫瑰绒						√	20
PP棉	√	√	√		√		16
珍珠棉				√			25
棉花						√	30
发声		√	√	√	√		3
发光						√	5

表4-73 各原料需求计划（未考虑采购提前期）

单位：件

原料	第1季	第2季	第3季	第4季	第5季	第6季	第7季	第8季
玻璃纸	2700	5400	3852	5208				
纸盒	0	0	1704	2116				
金属盒	0	0	1800	2052				
短平绒	2700	5400	3852	5208				
松针绒	0	0	1704	2116				
玫瑰绒	0	0	1800	2052				
PP棉	2700	5400	3852	5208				
珍珠棉	0	0	1704	2116				
棉花	0	0	1800	2052				
发声	1800	4600	5204	6316				
发光	0	0	1800	2052				

说明：原料采购量是产品投产量与其BOM结构所决定的。

表4-74 各原料采购计划（考虑了提前期）

单位：件

项目	第1季	第2季	第3季	第4季	第5季	第6季	第7季	第8季
玻璃纸	2700	5400	3852	5208				
纸盒	0	0	1704	2116				
金属盒	0	1800	2052					

063

续表

项目	第1季	第2季	第3季	第4季	第5季	第6季	第7季	第8季
短平绒	2700	5400	3852	5208				
松针绒	0	0	1704	2116				
玫瑰绒	0	0	1800	2052				
PP棉	2700	5400	3852	5208				
珍珠棉	0	0	1704	2116				
棉花	0	1800	2052					
发声	1800 +4600	5204	6316					
发光	0	1800	2052					

说明：金属盒、棉花、发声、发光装置等材料需要提前1个季度采购才能在需要的时间到货，否则就需要紧急采购。

表4-75 采购支出计划（未考虑付款账期）

单位：元

项目	第1季	第2季	第3季	第4季	第5季	第6季	第7季	第8季
玻璃纸	5400	10 800	7704	10 416				
纸盒	0	0	6816	8464				
金属盒	0	10 800	12 312					
短平绒	27 000	54 000	38 520	52 080				
松针绒	0	0	25 560	31 740				
玫瑰绒	0	0	36 000	41 040				
PP棉	43 200	86 400	61 632	83 328				
珍珠棉	0	0	42 600	52 900				
棉花	0	54 000	61 560					
发声	5400 +13 800	15 612	18 948					
发光	0	9000	10 260					
合计	175 800	405 612	630 156	663 016				

说明：既没有考虑付款账期，也没有考虑采购折扣和紧急采购额外费用。

表4-76 采购支出计划(考虑了付款账期、折扣和紧急采购)

单位：元

项目	第1季	第2季	第3季	第4季	第5季	第6季	第7季	第8季
玻璃纸	5400	10 800	7704	10 416				
纸盒	0	0	0	6816	8464			
金属盒	0	0	10 800	12 312				
短平绒		27 000	54 000	38 520	52 080			
松针绒	0	0	25 560	31 740				
玫瑰绒	0	0		36 000	41 040			
PP棉	43 200	86 400	61 632	83 328				
珍珠棉	0	0		42 600	52 900			
棉花	0	0	54 000	61 560				
发声	5400	13 800	15 612	18 948				
发光	0	0	9000	10 260				
紧急采购	2700							
折扣前	56 700	138 000	238 308	352 500				
折扣后	45 900	110 400	190 646	282 000				

说明：按8折计算，紧急采购没有折扣；除玻璃纸、松针绒和PP棉3种原料外，其他原料均可延后1期付款。

11. 行政管理资金预算

行政管理资金预算如表4-77所示。

表4-77 日常行政管理费支出计划

人员	第1季	第2季	第3季	第4季	第5季	第6季	第7季	第8季
管理人员(人)	5	5	5	5	5	5	5	5
生产工人(人)	6	12	16	20	24	24	24	24
销售人员(人)	1	4	7	8	8	8	8	8
支出(元)	12 000	21 000	28 000	33 000	37 000	37 000	37 000	37 000

12. 现金流量预算

现金流量预算如表 4-78 所示。

表 4-78 现金流量预算表（1-4 季度）

单位：元

项目	第1季	第2季	第3季	第4季	支付点
季度初现金余额	587 000	201 750	52 324	27 502	
本期融资收入	200 000	200 000			
借款利息	10 000	10 000			
可用现金	777 000	391 750	52 324	27 502	
决策阶段					
产品设计费用	90 000	90 000			当即支付
产品研究费用		40 000			当即支付
市场开发费用	80 000	60 000	20 000		当即支付
广告宣传费用	17 000	33 500	55 000	55 000	当即支付
设备购买费用	480 000	120 000	120 000	120 000	当即支付
设备升级费用			4000	5000	当即支付
资质认证费用		30 000	30 000	30 000	当即支付
原料采购费用	45 900	110 400	190 646	282 000	当即支付
进项税	7803	18 768	32 410	47 940	当即支付
员工招聘费用	3500	4500	3500	2500	当即支付
员工培训费用		3600	6800	8500	当即支付
当即支付小计	724 203	510 768	462 356	550 940	
厂房租金	8000	5000	8000	8000	期末支付
设备维修费用	6000	9000	12 000	15 000	期末支付
加工费	10 800	10 800	14 712	18 752	期末支付
管理人员工资	10 000	10 000	10 000	10 000	期末支付
管理人员五险	3110	3110	3110	3110	期末支付
销售人员工资	3600	14 400	25 200	28 800	期末支付
销售人员五险	1120	4478	7837	8957	期末支付
生产工人工资	18 000	36 000	48 000	60 000	期末支付
生产工人五险	5598	11 196	14 928	18 660	期末支付
员工辞退补偿					期末支付
未签合同罚款					期末支付

续表

项目	第1季	第2季	第3季	第4季	支付点
行政管理费用	12 000	21 000	28 000	33 000	期末支付
未交货违约金					期末支付
到期银行借款				200 000	期末支付
期末支付小计	78 228	124 984	171 787	404 279	
交货阶段					
销售收入	110 700	294 768	607 869	761 065	
销项税	18 819	50 111	103 338	129 381	
收到现金*	82 892	172 439	213 362	311 656	
应收账款	46 627	172 439	497 845	578 790	
销售原料收入					
卖出厂房收入					
卖出设备收入	120 000				
转让订单收入					
季末现金余额	177 461	−71 563	−368 457	−616 061	紧急借款点
进入下一季度					
贴息*	0	3449	12 446	14 470	
应收款到账	46 627	168 990	485 399	564 320	
应付款到期					
增值税	11 016	31 343	70 928		
三税	1322	3761	8511		
所得税	0				
办公室租金	10 000	10 000	10 000	10 000	
下季度初现金	201 750	52 324	27 502	−61 740	紧急借款点

说明：第1季度销售收入能收到的现金约为64%，第2季度约为50%，第3季度约为30%，第4季度约为35%，其他为应收账款。贴现按2%~3%的贴息执行。

结论：

（1）第1季度，期初可用资金777 000元，能满足决策阶段724 203元当即支付的需求，加上销售收入，足够期末费用的支付，期末现金余额177 461元，加上第2季度初的应收应付余额（本表中应付款到期已经考虑在采购资金中），足够下季初费用的支出，第2季度初的现金余额201 750元，说明第1季度财务约束没有问题。

(2)第 2 季度，期初可用资金 391 750 元(假设能够再借款 200 000 元，至于能否再借款 200 000 元，要通过后面的损益表预算才能知道)，不能满足决策阶段 480 768 元当即支付的需求，说明再建设一条柔性生产线将受到财务资金的约束，行不通。

(3)假设第 2 季度减少 1 条柔性生产线的投资，期末现金为 120 000–41 563=78 437 元，第 3 季度初的现金为 120 000+82 324=202 324 元，还是满足不了 462 356 元的支出需求，说明第 3 季度的柔性线建设也无法进行。由于少一条线，设备购置费、原料采购费、工人招聘费、培训费也会相应减少，共减少约 179 000 元，决策阶段的支出为 462 356–179 000=283 356 元，缺口有 8 万元左右，怎么办？大家或许可以从最后一章实操案例中找到一些启发。

13. 损益预算

根据前面的数据，可以对公司的损益做出粗略的预算了，见表 4-79 所示。

表 4-79 损益预算表(1～4 季度)

单位：元

	第 1 季度	第 2 季度	第 3 季度	第 4 季度
一、营业收入：				
其中：产品销售额	110 700	294 768	607 869	761 065
减：营业成本				
其中：当季产品交货成本	72 669	142 948	334 942	419 472
减：营业税及附加	0	0	0	0
减：销售费用	101 720	112 378	108 037	92 757
其中：广告宣传费	17 000	33 500	55 000	55 000
市场开拓费	80 000	60 000	20 000	0
销售人员工资	3600	14 400	25 200	28 800
销售人员五险	1120	4478	7837	8957
减：管理费用	131 610	212 210	91 410	97 110
其中：公司注册费	3000			
行政管理费	12 000	21 000	28 000	33 000
管理人员工资、五险	13 110	13 110	13 110	13 110
人员招聘费	3500	4500	3500	2500
员工培训费	0	3600	6800	8500
品牌设计费	90 000	90 000	0	0
产品研发费	0	40 000	0	0

续表

	第1季度	第2季度	第3季度	第4季度
资质认证费	0	30 000	30 000	30 000
办公室租金	10 000	10 000	10 000	10 000
减：财务费用		0	0	0
其中：银行借款利息	0	0	0	0
紧急借款利息				
贴现利息				
二、营业利润	−195 299	−172 768	73 481	151 726
减：营业外支出				
其中：未交货违约金				
三、利润总额	−195 299	−172 768	73 481	151 726
减：所有税费用	0			
四、净利润	−195 299	−172 768	73 481	151 726

结论：

从第1季度的损益预算结果判断，第2季度初刚好可以借款200 000元；第2季度继续亏损，第3季度是无法再获得普通贷款了。

(九) 成本控制措施

1. 生产成本的控制

生产成本包括直接材料费、直接人工费和制造费用。要合理安排厂房，尽量减少厂房租金，又要避免设备搬迁；尽量购置先进生产线，降低单位产品成本（直接材料、直接人工和制造费用均会降低）；还要通过设备升级改造减少原材料浪费；合理安排生产，避免停工待产，充分利用产能；合理安排采购，通过经济批量采购降低采购成本，同时要避免紧急采购的发生。

2. 销售费用的控制

销售费用主要包括广告宣传费、市场开拓费、销售人员工资与五险等。其中，广告宣传费和销售人员的安排不能盲目进行，例如，如果企业的产能不大或者市场竞争不激烈，企业的产品不愁卖，就没有必要过多地安排广告宣传和销售力量。如果能准确地把握自己需要多少订单和需要多少产品评价总分（具体见第八章），就可以有效地控制广告宣传费用和销售人员费用，还可以避免无谓的降价，间接地降低销售费用率。

3. 管理费用的控制

管理费用主要包括公司注册费、办公室租金、行政管理费、管理人员工资与五险、人员招聘费、员工培训费、员工辞退费、品牌设计费、产品研发费和资质认证费等。员工培训费虽然增加了管理费用，但有可能降低产品总成本；做好人力资源规划，尽量减少乃至避免员工辞退；做好产品设计与研发计划，避免无效的品牌设计与研发；做好资质认证计划，避免过早或过迟开展资质认证；做好销售计划安排，避免因交货违约而遭受罚款。

4. 财务费用的控制

财务费用主要包括普通贷款利息、紧急贷款利息和贴息。根据资金预算做好融资计划，避免不必要的贷款利息负担；要做好资金预算，尽力避免紧急贷款（高利贷）的发生；做好资金预算，除主动贴现之外，要尽量避免贴现的发生。

（十）风险防范措施

1. 资金链断裂风险

从现金流量预算中可以看到，第 2 季度出现了现金紧张的状况，即使削减投资，风险依然存在。为了防止出现现金流断裂的情况，必须做好以下防范措施：

(1) 做好现金流量预算。尽量准确地编制现金流量预算表，包括要做好损益预算表，因为它关系到判断公司下个季度是否可以获得贷款额度。

(2) 适当留出余地。资金余额比资金需求应适当多留出一点，预防因预算过程中计算不准确而造成紧急贷款。

(3) 留有后招。在遇到资金紧张却又无法得到普通借款的时候，要有其他途径解决燃眉之急，例如应收款贴现、减少投资、延迟投资、拍卖闲置设备和解聘人员等措施来缓解暂时的资金危机。

2. 销售订单风险

市场竞争会给企业的销售订单的获取带来不确定性。在本案财务预算中销售收入是最大的不确定因素。如果企业无法准确预算实际销售收入，那么企业就极容易陷入困境。为此，必须要做好以下防范措施：

(1) 做好市场调查分析。市场调查分析不仅是要对市场需求和价格趋势做出准确判断，更要对竞争对手的策略做出相对准确的判断，以确保自己在 5P 策略方面做出更科学的决策，因此要求各公司每个季度都要做好部门分析报告的研究。

(2)要准确估算自己的销售订单竞争能力，既要保证获得足够多的订单，又要避免无谓的资源浪费。最关键的就是要能准确地估算自己的产品评价得分，具体参见第八章。

(3)对销售收入的估算要留有余地，不能盲目乐观。

实验项目2：公司运营方案的编制。

实验课时：4~8学时。

实验目的：通过编制公司运营方案，掌握公司运营管理流程与规律，使学生深刻体会"计划"这个管理职能的重要性和有效性。

实验要求：参考本节运营方案编制过程，由学生自行制作Excel电子表格完成预算任务，或老师提供做好的Excel电子表格工具给学生做参考。

实验内容：先完成各部门的经营规划，再完成各项资金预算，最后完成现金流量预算表和损益预算表。有能力的学生鼓励完成资产负债预算表。

第五章　企业运营管理实操

本章主要介绍决策阶段各部门需要完成的工作，其中对"当即结算项目、期末结算项目、下期期初结算项目及其结算时点"的理解是十分重要的，它是控制资金流以防资金链断裂的重要保证。

一、实验步骤

（一）决策阶段

季度开始后，各部门(角色)在总经理的组织下，经过团队讨论，在本部门职能范围内完成所有决策后(图 5-1)，由总经理单击"完成所有任务"，教师端可显示该小组"已完成"。只有所有小组都提交完成之后，教师端才能单击"产品配送"，对各公司进行订单分配，并等待企业按单交货。在进入产品配送环节之前，决策工作可反复修改，但也有无法更改的情况，例如产品投产或研发完成后便无法更改产品设计。

部门	学生需完成决策	完成情况	决策说明
财务部	现金预算	⊘	可在系统外完成
	银行贷款	⊘	普通借款
研发部	产品设计	⊘	设计符合消费群体需求的产品
	产品研发	⊘	对已设计好的产品经营研发测试工作
制造部	原料采购	⊘	采购生产制造所需的原材料
	厂房购置	⊘	购买或租赁生产制造所需的厂房
	设备购置	⊘	购买生产制造所需的设备
	资质认证	⊘	企业进行国际标准体系认证
	生产工人	⊘	由生产部门向人力资源部提交生产工人培训、辞退、调整等计划
	生产制造	⊘	生产制造产品
	订单交付	⊘	对已得到的订单实施交货(非决策部分)

图 5-1　各部门需要完成的决策工作

部门	学生需完成决策	完成情况	决策说明
市场部	市场开发		对市场进行前期开发，为进入该市场经营运作铺垫道路
	广告宣传		对企业已有的产品品牌做市场推广宣传
销售部	销售人员		由销售部门向人力资源部提交销售人员培训、辞退、调整等计划
	产品报价		市场订单报价
人力资源部	生产招聘		招聘生产制造所需的工人
	销售招聘		招聘市场销售所需的销售人员
	签订合同		与新招聘的员工签订"劳动合同"
	解除合同		与员工解除"劳动合同"
	员工培训		对员工进行在岗工作能力培训，以提升工作能力和效率

图 5-1　各部门需要完成的决策工作(续)

决策完成后，总经理单击"完成各项决策任务"。等待所有小组都完成后，教师端单击"产品配送"按钮后，即进入交货与结算阶段。

(二)交货与结算阶段

进入交货与结算阶段，各公司即可看到自己所获得的订单。公司按订单交货后，总经理再次单击"完成任务"，等待所有小组都完成任务之后，教师端单击"进入下一季度"按钮，运营工作将进入下一个周期(季度)，本季度的运营工作就结束了。这个过程包含三项工作。

1. 销售订单的获取

市场订单总量可能会包含上期转移下来的部分订单，产品评价得分可参考第八章。

2. 经营结果的查询

只有进入下一季度才能看到本季度的经营结果。各种查询工作才可以相应进入。当然，公司的决策历史是可以随时进入总经理办公室查询的。

3. 资金结算

经营活动产生的资金结算分成 3 种情况(3 大项)：

(1)当即支付。产品设计费、设备购置费、原料采购费等部分开支在决策的时候当即需要支付。

(2)期末支付。厂房租金、设备维护费、工资、行政管理费等部分开支可以在期末(收到销售收入之后)支付。

(3) 期初支付。应收应付到期、税金、办公室租金等部分开支将在下一季度期初支付。

教师端单击"进入下一季度"按钮的时间点上,第二大项、第三大项资金结算会同时进行,任何一项资金结算出现资金断流,系统都会自动产生一笔紧急借款。由于紧急借款的惩罚是比较严重的,而且第二大项、第三大项的资金结算是系统自动完成的,操作者看不见的,所以各小组要特别注意各项资金的结算顺序(表 5-1)和公司现金是否有保障,是否需要及时融资(借款、贴现、变卖资产等)。

表 5-1 期末、期初资金结算的项目及顺序

期末资金结算项目与顺序	
1	支付产品制造费用
2	支付管理人员工资和五险
3	更新设备搬迁
4	更新设备升级
5	更新厂房出售、设备出售
6	更新生产工人培训
7	扣除生产工人未签订合同罚金
8	扣除销售人员未签订合同罚金
9	扣除基本行政管理费用
10	辞退生产工人
11	辞退销售人员
12	出售生产设备
13	出售厂房或厂房退租
14	检查并扣除管理人员未签订合同罚金
15	检查并扣除未交货订单违约金
16	银行还贷
17	紧急贷款(资金不足即自动产生,表示资金链断裂)
下季期初资金结算项目与顺序	
18	检查上季度未分配和未完成交付的订单数量,并转移到当前季度
19	计算公司应收账款,并收取
20	计算公司应付账款,并支付
21	计算上季度营业税,并支付
22	扣除上季度增值税、所得税、3项附加税
23	扣除办公室租金

续表

24	更新原料到货状态
25	更新预付账款状态
26	紧急贷款(资金不足即自动产生，表示资金链断裂)

二、操作指南

(一)财务部业务

1. 现金预算

在公司场景中单击"财务部"，在弹出窗口中选择"决策内容—财务预算"，根据本季度的整体规划及各部门的经营计划，制定公司本季度的财务现金预算表。

需要说明的是，新版本系统已经把现金预算移出系统，由学生另外完成。

2. 银行借款

进入主场景，单击"创业银行"，进入创业银行后，单击"信贷业务"窗口，在弹出的窗口中完成贷款决策任务(图 5-2)。当季的借款金额不能超过本期授信额度，累计借款金额不能超过总的授信额度。

借款利率	5%	利息为申请时一次性支付，实际到账金额=申请金额-申请金额×借款利率
还款周期	3 季度	将于到期的当季期末，由系统自动还款处理
总授信额度	600 000	总授信额度=上季末净资产-累计已借款金额
本期授信额度	200 000	同期内累计最大借款额度
借款金额	200 000	输入申请借款的金额
	申请借款	
现存借款情况					
借款类型	借款时间	到期时间	金额	利率	利息

图 5-2 申请新借款

说明：办理借款不是在公司内操作，而是去创业市银行办理；借款金额受"公司净资产-累计已借款金额"和"本期授信额度"两个因素的约束，实际借款金额为二者之小者。

3. 账款贴现

"财务部"—决策内容—账款贴现，如果有应收账款，可以看到所有的应收账款列表，同时急需现金，可根据需要向银行办理贴现业务(图5-3)。

账款贴现					
序号	金额(元)	发生时间	到期时间	离兑现尚有	贴现
1	49 110.75	第2季度	第3季度	1季度	贴现
2	54 493.92	第2季度	第4季度	2季度	贴现
3	27 518.40	第2季度	第4季度	2季度	贴现
合计	131 123.07				
共有应收账款：3笔					

图5-3 应收账款的贴现

(二)研发部业务

1. 新产品设计

公司场景下"研发部"—"产品设计"，开始进行产品设计，包括新产品名称、目标消费群体和新产品研发 BOM 配置表的决策(图 5-4)。首先是给产品起一个名字，例如实惠 1，实惠 2 等；其次是产品的目标消费群体定位；然后是产品的原料配置(BOM配置)。在完成 BOM 配置的同时，窗口内会显示预计原料成本和预计研发时间两项重要数据。预计研发时间是由研发系数决定的，不同的原料配置，其研发系数是不一样的，当 BOM 配置的研发系数达到 0.5 以上时，研发时间为 1 季度。

新产品名称		目标消费群体！			
		◎品质型客户	◎经济型客户	◎实惠型客户	！
原料大类	原料子类	原料报价	选择		研发系数
包装	玻璃纸	2	●		0.1
	纸盒	4	◎		0.2
	金属盒	6	◎		0.3
面料	短平绒	10	●		0.1
	松针绒	15	◎		0.2
	玫瑰绒	20	◎		0.3

图5-4 产品设计界面

新产品名称	目标消费群体！			
	◎品质型客户	◎经济型客户	◎实惠型客户	！
原料大类	原料子类	原料报价	选择	研发系数
填充物	PP 棉	15	●	0.1
	珍珠棉	21	◎	0.2
	棉花	25	◎	0.3
辅件	发声	3	●	0.1
	发光	4.8	◎	0.2

图 5-4　产品设计界面(续)

说明：每项决策操作旁边都有规则说明，单击"！"号还会有进一步的链接说明，这是最重要的操作指南。特别要注意的是已经研发完成和投产的产品是无法更改其设计的。

2. 新产品研发

公司场景下"研发部"—"产品研发"，开始进行产品研发(图 5-5)。该项工作主要是针对产品设计中需要研发的产品进行研发投入。

产品名	研发进度	操作
实惠 1	无须研发	
经济 1	无须研发	
品质 1	无须研发	
实惠 2	无须研发	
经济 2	已投入	撤销
品质 2	已投入	撤销

图 5-5　产品研发界面

(三)制造部生产业务

1. 厂房购置

在公司场景中单击"制造部"，在弹出窗口中选择"决策内容—厂房购置"进入厂房购置界面(图 5-6)。根据公司生产规模的需要和现金状况，确定购买或租用相应的厂房。

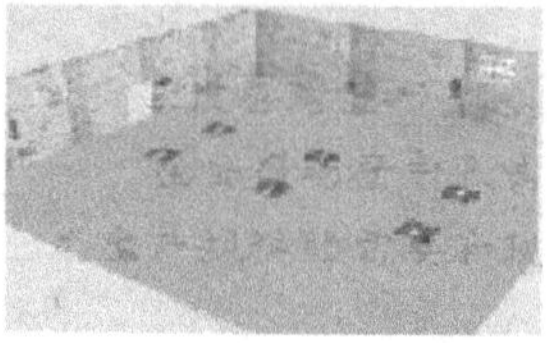	容纳设备(台)	6
	购买价格(元)	100 000
	租用价格(元/季度)	7000
	折旧率	2.00%
请选择购置的厂房类型	大型厂房 ▼	
购买　　租用		
公司现有厂房		
厂房	性质	内部设备
14337号中型厂房	租用	3/4

图5-6　厂房购置界面

2. 设备购置

在公司场景中单击"制造部",在弹出窗口中选择"决策内容-设备购置"进入设备购置界面(图5-7)。根据公司生产规模的需要和现金状况,确定所需要的生产设备。

设备购置	设备名称	柔性线		
	购买价格	120 000.00	设备产能	2000
	成品率	90.00%	混合投料	是
	安装周期	1	生产周期	0
	单件加工费	2.00	工人上限	4
	维护费用	3000.00	升级费用	1000.00
	升级周期	1	升级提升	1.00%
	搬迁周期	1	搬迁费用	3000.00
	请选择购置的设备类型		柔性线 ▼	
	新设备安装到厂房		--请选择新设备安装厂房-- ▼	
公司已有设备				
	设备名称	操作		
14338号中型厂房	520101号手工线	撤销		
	520102号手工线	撤销		
	520201号柔性线	撤销		

图5-7　设备购置界面

3. 资质认证

在公司场景中单击"制造部",在弹出窗口中选择"决策内容—资质认证"进入资质认证界面(图5-8),对需要的认证体系进行投资。

(1)认证是对整个公司的生产资质进行的,而不是针对某一个产品品牌。在市场要求具备相应的资质而公司没有时,将不允许进入该市场销售产品(或无法获得相应的订单)。

(2)在认证体系后单击"投入"按钮即完成本季度的费用投入。不同认证所需要的周期和费用是不同的。

(3)在完成决策之前,可以"撤销"本次认证投入。

资质认证	认证状态	操作
ISO9001	¥0　¥30,000　¥60,000　已认证　待认证	撤销
ICTI认证	¥0　¥30,000　¥60,000　¥90,000　已认证　待认证	撤销

图5-8 资质认证界面

4. 生产工人

在公司场景中单击"制造部",在弹出窗口中选择"决策内容—生产工人",进入生产工人管理界面(图5-9),对制造部门现有工人进行管理。相关规则说明如下:

(1)只能对现有工人进行管理,而招聘工作则由人力资源部去人才市场完成(招聘计划由制造部提出)。

(2)工人管理是在人力资源决策之后进行的。人力资源部招聘工人时会指定到什么生产线上,但制造部可以调整,而且可以提出培训和辞退的申请。

厂房	设备	工人	能力	调整	培训	辞退
	闲置工人			闲置工人		
14338号中型厂房	520101号手工线	10001工人	450	--调整到--	☐	☐
		10002工人	450	--调整到--	☐	☐
	520102号手工线	10003工人	450	--调整到--	☐	☐
		10004工人	450	--调整到--	☐	☐
	520201号柔性线	待聘				
合计		4	1800		计划培训	计划辞退

图5-9 工人管理界面

5. 原料采购

在公司场景中单击"制造部",在弹出窗口中选择"决策内容—原料采购"进入原料采购界面(图 5-10),根据产品原料构成、生产计划、采购提前期等信息,确定所有产品生产所需原料的采购(输入数量,单击保存,如果是紧急采购则勾上选项)。

原料	到货周期	付款周期	单价	采购数量	紧急采购	库存数量	合计金额	价税合计
玻璃纸	0	0	2.00	0		0	0	0
纸质盒	0	1	4.00	0		0	0	0
金属盒	1	1	6.00	0	☐	0	0	0
短平绒	0	1	10.00	0		0	0	0
松针绒	0	0	15.00	0		0	0	0
玫瑰绒	0	1	20.00	0		0	0	0
PP 棉	0	0	15.00	0		0	0	0
珍珠棉	0	1	21.00	0		0	0	0
棉花	1	1	25.00	0	☐	0	0	0
发声装置	1	1	3.00	0	☐	0	0	0
发光装置	1	1	4.80	0	☐	0	0	0
合计支付金额(元)						0	0
【保存】								

图 5-10 原料采购界面

6. 开始生产和设备销售

在公司场景中单击"生产车间",在弹出的窗口中可以看到所有的厂房情况和生产设备情况(图 5-11)。注意,是在生产车间生产,不是在制造部。

厂房列表		
厂房	生产线	工人
14338 号中型厂房 [退租] [进入]	520101 号手工线 [出售]	2 人
	520102 号手工线 [出售]	2 人
	520201 号柔性线 [出售]	4 人

图 5-11 公司厂房预览

说明：

(1)"厂房"栏显示公司目前所有的厂房情况，同时标志该厂房是购买的还是租用的，单击"出售"或"退租"，可以出售或退租(但必须是在没有生产线的情况下)。

(2)"生产线"栏显示厂房内有几条生产线，单击"出售"可以卖掉该设备。如果设备上还有产品在产，则设备不能马上卖掉，只是制订出售计划，到季度结束产品下线后才能出售。

(3)还没有开始生产的设备即卖即得回现金；已经开始生产的设备可以在投产后就预售，预售的设备要等期末才能完成出售并回款(当季购置的设备当季出售不用计提折旧)。生产线出售后，工人将自动处于闲置状态，等待制造部重新安排工作。

(4)在每个厂房名称的右边有一个在闪动的"进入"标志，单击该标志可以进入该厂房内部，能看到厂房内的所有生产设备情况，并对所有生产设备编排本季度的生产计划(图 5-12)。

图 5-12　厂房内部布局与生产线运行状态

(5)如果要对某一条生产线进行投产，则单击这条生产线，在弹出窗口中完成对该生产线的生产进行安排(图 5-13)。单击"选择产品"下拉框，选择需要生产的产品，再输入本季度需要生产的产品数量，单击"生产"可以开始产品的生产。

(6)成功生产后，"在制品"旁会显示计划生产的产品数量。实际获得的成品将是这个生产数量乘以成品率。在决策结束之前，可以"撤销"相关的生产计划。

(7)通过"设备升级"可以提高成品率。另外，要注意生产工人生产能力与设备能力的匹配。

(8) 只有完成招聘工人之后，才能开始生产。

520101 号设备				
所在厂房	14338 号中型厂房		设备类型	手工线
购入时间(季度)	1		设备原值(元)	40 000.00
累计折旧(元)	0.00		设备净值(元)	40 000.00
当前成品率(%)	70.00%		设备最大产能(件)	1000
设备上工人(个)	2		工人最大生产能力(件)	900
安装周期(季度)	0		每期维护费(季度/元)	2000.00
下线周期(季度)	0		加工费(个/元)	4.00
升级耗时(季度)	1		升级费(元)	1000.00　升级
升级对成品率的提升	3.00%		折旧率(%)	5.0%
搬迁耗时(季度)	0		搬迁费(元)	1000.00
设备状态	设备可以正常使用。			
在制品(件)0　选择产品		(0)　生产		

表 5-13　设备投产与管理

(四) 人力资源部业务

1. 人员招聘

人力资源总监在主场景中单击"交易市场"—"人才市场"进入人员招聘界面（图 5-14），完成人员招聘计划。需要招聘的公司员工包括销售人员和生产工人两类。

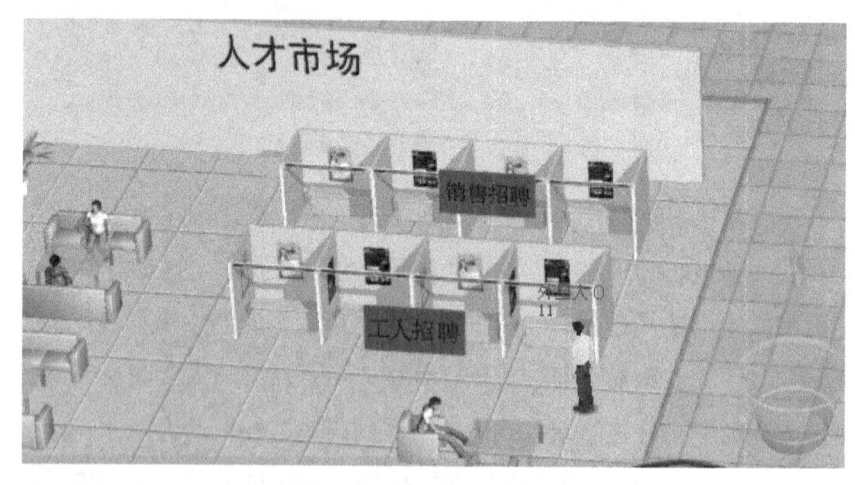

图 5-14　人力资源招聘市场

第五章　企业运营管理实操

(1)进入"人才市场-招聘生产工人",选择招聘工人类型(生产工人),并指定安排到哪一条生产线上,单击"招聘"即可完成招聘与安排工作(图5-15)。

(2)进入"人才市场-招聘销售人员",选择招聘人员类型(销售人员),并指定派往工作的市场区域,单击"招聘"即可完成招聘与安排工作。

招聘生产工人		
	工人类型	生产工人
	生产能力(件)	450
	招聘费用(元)	500.00
	季度工次	3000.00
	试用期(月)	1
	培训费用(元)	300.00
	培训提升	3.00%
	辞退补偿(元)	300.00
	请选择招聘的工人类型	生产工人
	工人安排到生产线	--请选择工人工作的生产线--
	招聘	

图 5-15　生产工人招聘界面

2. 签订合同

回到"人力资源部",在弹出窗口中选择"决策内容—签订合同",与公司管理层人员和招聘的员工签订劳动合同(图5-16)。

类别	人员	入职时间	能力(件)	薪金(元)	操作
管理人员	张三(总经理)	1			签订
	李四(生产总监)	1			签订
生产工人	10001号工人	1	450	3000.00	签订
	10002号工人	1	450	3000.00	签订
销售人员	20001号业务员	1	500	3600.00	签订
	20002号业务员	1	500	3600.00	签订

图 5-16　与员工签订劳动合同界面

说明：所有员工（包括管理团队成员）都要签订劳动合同、办理养老保险，否则将会被罚款。单击相关人员名字右边的"签订"，即会出现合同提示，在甲方盖章处单击印章，当出现公司合同专用章时，该合同正式生效。

3. 解除合同

在公司场景中单击"人力资源部"，在弹出窗口中选择"决策内容—解除合同"，如果相关部门有申请，列表会显示提交辞退的人员清单，人力资源部予以确认（图 5-17）。也就是说，首先要由相关部门（生产部、销售部）提出解聘申请，再在人力资源部完成劳动合同解除事项。

类别	人员	入职时间	能力（件）	薪金（元）	操作
生产工人	10001 号工人	1	450	3000.00	解聘
生产工人	10002 号工人	1	450	3000.00	解聘
销售人员	20001 号业务员	1	500	3600.00	解聘
销售人员	20002 号业务员	1	500	3600.00	解聘

图 5-17　与员工解聘劳动合同界面

说明：辞退的人员本季度继续工作，下一季度正式离职。

4. 人员培训

首先由相关部门（生产部、销售部）提出培训计划（只有在签订合同之后才能进行培训），再由人力资源部具体完成培训工作。在公司场景中单击"人力资源部"，在弹出窗口中选择"决策内容—人员培训"，如果相关部门有申请，列表会显示提交培训的人员清单，人力资源部予以确认。单击名字右边的"培训"，对员工开展技能培训（图 5-18）。

人员	入职时间	能力（件）	薪金（元）	培训费用	培训提升	操作
10001 号工人	1	450	3000.00	300	3%	培训
10002 号工人	1	450	3000.00	300	3%	培训
20001 号业务员	1	500	3600.00	500	5%	培训
20002 号业务员	1	500	3600.00	500	5%	培训

图 5-18　人力资源培训操作界面

说明：以上操作在提交决策之前，均可撤销相关计划。

(五)市场部业务

1. 市场开发

在公司场景中单击"市场部",在弹出窗口中选择"决策内容—市场开发"进入开发目标市场操作界面(图 5-19)。选择需要开发的市场,在"操作"栏单击"开发",完成本季度开发投入。同时在决策结束之前可以"撤销"。如果某个市场开发需要多个周期,在后面的经营中还需要继续投入"开发",直到完成开发才可以在该市场上进行产品销售。

市场	销售渠道	已有业务员	开发状态	操作
北京	零售资源	2	¥0 无需开发	
上海	零售资源	0	¥0 ¥20,000 待开发	开发
广州	零售资源	0	¥0 ¥20,000 ¥40,000 待开发	开发
武汉	零售资源	0	¥0 ¥20,000 ¥40,000 待开发	开发
成都	零售资源	0	¥0 ¥20,000 ¥40,000 ¥60,000 待开发	开发

图 5-19 市场开发操作界面

2. 广告宣传

在公司场景中单击"市场部",在弹出窗口中选择"决策内容—广告宣传",录入当前季度公司计划投入的广告费用(图 5-20)。

产品	累计投入(元)	累计效应(元)	本期投入金额(元)
实惠1	0.00	0	2000.00
经济1	0.00	0	5000.00
品质1	0.00	0	10000.00
实惠2	0.00	0	

图 5-20 广告投放操作界面

说明：

（1）广告宣传是以产品品牌为单位投放的（对所有市场均有影响），公司可以针对每种产品的竞争程度和期望值来设定相应的投放金额。在"本期投入金额"栏输入本季度需要投放的广告金额，单击"保存"。

（2）"累计投入"显示的是公司在该品牌上的广告投放金额，"累计效应"显示的是广告投放至今仍对消费者产生的影响力。

（3）运营规则（参数）往往会要求最低广告投入额，即要么你不投，要投就不能低于这个数。

（六）销售部业务

1. 销售人员管理

在公司场景中单击"销售部"，在弹出窗口中选择"决策内容—销售人员"，对销售部门的所有销售人员进行工作管理（图 5-21），包括管辖区域调整、计划和辞退等，其中，培训和辞退是由销售部提出申请，然后由人力资源部具体执行。

市场	渠道	销售人员	销售能力（件）	调整	计划培训	计划辞退
北京	零售	20001 号业务员	500	--调整到--	☑	☐
上海	零售	20002 号业务员	500	--调整到--	☑	☐
广州	零售					
武汉	零售					
合计			1000		计划培训	计划辞退

图 5-21　销售人员管理界面

2. 产品报价

在公司场景中单击"销售部"，在弹出窗口中选择"决策内容—产品报价"进入产品报价界面（图 5-22），填写各产品市场报价以及期望的最大订货数量（上限数）。

市场	销售能力（件）	订单	资质	市场需求	上期平均价	最低价（元）	最高价（元）	产品	报价	上限数
北京	500	1-362170	无要求	5472	0.00	0.00	90.00	实惠1	0.00	0
	500	1-362171	无要求	4416	0.00	0.00	120.00	经济1	0.00	0
	500	1-362172	无要求	3312	0.00	0.00	150.00	品质1	0.00	0

图 5-22　产品报价操作界面

说明：

(1) 只有完成市场开发、产品研发和招聘环节的销售人员才能进入市场报价。

(2) "报价"栏的金额指的是产品销售单价，不能超过产品在该市场的最高限价。

(3) "上限数"栏的数字表示在市场上该产品最多期望拿到的订单量，要防止拿到过多的订单量而造成无法交货（违约），这是"以产定销"的原则，要求销售部门与生产部门密切沟通。特别需要提醒的是：由于上限数最少为 1，所以如果一件订单都不需要，那么就不要报价，即不改动即可。

(4) 销售人员的 500 件销售能力是针对每款产品的，如果在同一市场销售多款产品，那么每个产品都将拥有最高达 500 件的销售能力。

3. 销售订单的分配

产品报价通常是决策工作的最后一步，接下来公司最关心的就是自己能够拿到多少销售订单。那么，系统是如何分配订单的呢？

(1) 系统将根据公司决策中的五项因素对产品进行评价（表 5-3），某产品评价得分占所有参与市场竞争产品评价总分的比重，就是你获得市场订单的比重。

(2) 要想得到更多的订单，就必须争取到更高的分数；如果不需要那么多订单，就不需要那么高的分数，因为要获得更高的分数是要付出代价的（花费更多的开支），以免资源浪费。见体参考第八章。

(3) 掌握消费者的需求特性可能会使你以更少的花费获得更高的分数，具体参见公司运营规则（表 4-11 和表 4-12）。

表 5-2　影响产品评价得分的 5 个因素

项目	解释
产品价格	产品价格是指公司销售产品时所报价格，与竞争对手相比，价格越低越能获得消费者的认可
产品功能	产品功能主要指每个公司设计新产品时选定的功能配置表（BOM 表），与竞争对手相比，产品的功能越符合消费者的功能诉求就越能得到消费者的认可
产品品牌	产品品牌由公司市场部门在产品上所投入的累计宣传广告多少决定，与竞争对手相比，累计投入广告越多，产品品牌知名度就越高，越能获得消费者的认可
产品口碑	产品口碑是指该产品的历史销售情况，与竞争对手相比，产品累计销售的数量、产品订单交付完成率越高，消费者对产品的认可就越高
产品销售	产品销售是指公司当前销售产品所具备的总销售能力，与竞争对手相比，总销售能力越高，获得消费者的认可度也越高

(七)制造部交货业务

这是属于第二阶段的交货业务。

在决策提交之后,即教师端单击"产品配送"按钮后,学生端面就可以看到中标的销售订单情况。到"制造部",在弹出窗口中选择"决策内容—订单交货"进入交货操作界面(图 5-23),完成订单交货。

市场	订单	产品	订单量	已交	未交	单价	交付数量	价税合计
北京	29 号	实惠 1	500 / 500	130	370	92.00 / 92.00000000	0	0
北京	30 号	经济 1	500 / 500	150	350	115.00 / 115.00000000	0	0
北京	49 号	品质 1	500 / 500	0	500	142.00 / 142.00000000	0	0
上海	31 号	实惠 1	500 / 500	500	0	98.00 / 98.00000000	0	0
上海	32 号	经济 1	500 / 500	165	335	115.00 / 115.00000000	0	0
上海	33 号	品质 1	500 / 500	360	140	158.00 / 158.00000000	0	0
成品库存							
产品			库存数量(件)				
实惠 1			0				
经济 1			0				
品质 1			0				

图 5-23 订单交付界面

说明:

(1)窗口会列出所有市场上的中标订单情况,在窗口下面还会同时显示目前的所有库存产品情况。

(2)在"交付数量"栏输入每类产品需要交付的数量,单击"发货"完成订单的交付。未能按期交货的产品将按规则被处以罚款。

(3)如果库存不足以交货时,有两种选择:一是订单交易(如果规则允许);二是选择较好的订单先交货,例如价格高的或重点市场,其余的只有违约了。

(4)从该小组交货的情况看,决策上至少犯了两个错误:一是没有根据产品可供能力来拿单,造成违约;二是在违约无法避免的情况下,没有优先交上海市场的订单,上海订单的价格显然更高。

(八)季度结算

产品交货之后,总经理单击"完成"来完成所有工作,老师端单击"进入下一季度",系统自动完成各项结算和编制财务报表。有兴趣的学生可以自行编制财务报表,然后与系统自动出的报表进行对比,检查和锻炼自己的财务核算和报表编制的能力。

第六章 企业经营分析报告

在进入下一个季度之后，公司可以对上一季度的经营状况(绩效)进行查询与分析。查询与分析分为2个层面：一个层面是各个部门对本部门相关的一些经营状况进行查询与分析；另一层面是总经理对整个公司的经营状况进行查询与分析。系统的查询与分析功能可以为各部门乃至整个公司的决策调整提供大力支持。

一、经营结果公布

教师端主要公布综合表现、订单汇总、成品库存和产品评价等几项数据。

（一）综合表现分析

综合表现是经营结果最综合的绩效数据，是排名的直接依据，包括盈利表现、财务表现、市场表现、投资表现和成长表现五个方面的绩效(表6-1)。

表6-1 第1季度综合表现报告

排名	公司名称	盈利表现	财务表现	市场表现	投资表现	成长表现	综合表现	紧急借款次数	合计扣分	最终得分
第1名	9(9)	38.25	33.89	31.70	10.71	16.48	131.03	0.00	0.00	131.03
第2名	2(2)	29.27	32.19	32.08	11.20	16.60	121.35	0.00	0.00	121.35
第3名	7(7)	38.50	33.69	19.03	9.98	9.07	110.27	0.00	0.00	110.27
第4名	8(8)	37.29	31.42	17.48	10.71	7.93	104.83	1.00	5.00	99.83
第5名	3(3)	33.24	29.91	20.08	9.49	11.03	103.75	0.00	0.00	103.75
第6名	6(6)	26.92	30.97	22.17	11.68	11.77	103.51	0.00	0.00	103.51
第7名	1(1)	28.42	28.22	21.95	12.17	11.13	101.90	0.00	0.00	101.90
第8名	12(12)	23.15	29.59	17.75	11.68	9.39	91.57	0.00	0.00	91.57
第9名	10(10)	41.28	33.63	8.87	2.92	3.90	90.60	0.00	0.00	90.60
第10名	11(11)	20.91	27.71	20.95	8.76	10.20	88.53	0.00	0.00	88.53
第11名	4(4)	13.05	25.13	19.27	12.41	8.68	78.55	2.00	10.00	68.55
第12名	5(5)	29.71	23.64	8.67	8.28	3.81	74.11	0.00	0.00	74.11
行业平均	----	30.00	30.00	20.00	10.00	10.00	100.00	----	1.25	98.75

1. 各项表现的计分方法

(1)盈利表现分=(所有者权益/所有企业平均所有者权益)×30(分)

(2)财务表现分=(本企业平均财务综合评价/所有企业平均财务综合评价的平均数)×30(分)

(注：财务综合评价是从盈利、经营、偿债三大类 12 项指标计算并折合成分数的，可从"财务部-财务分析"查看财务综合评价得分。)

(3)市场表现分=(本企业累计已交付订货量/所有企业平均累计订货量)×20(分)

(4)投资表现分=(本企业累计产品研发投入＋累计认证投入＋累计市场开发投入＋∑(各厂房、设备原值/相应的购买季度数))/所有企业平均投资水平×10(分)

(5)成长表现分=(本企业累计销售收入/所有企业平均累计销售收入)×10(分)

2. 关于总得分的说明

各项表现最低为权重分的 0 倍，最高为权重分的 2 倍。即盈利表现最低 0 分、最高 60 分；财务表现最低 0 分、最高 60 分；市场表现最低 0 分、最高 40 分；投资表现最低 0 分、最高 20 分；投资表现最低 0 分、最高 20 分。总分最低 0 分、最高 200 分。

结论：对企业的经营绩效表现影响最大的因素就是销售收入，销售收入高，盈利能力就强、财务表现就好，市场表现和成长表现也好，所以说"销售为王"。

(二)订单汇总分析

企业成长，销售为王，订单汇总是公司最关心的数据之一，它不仅反映各个小组在各个市场上的产品报价与订单数量，更反映交货完成率(图 6-1)。交货完成率是一家企业"计划"能力的综合表现，只有准确地计算自己产品的可供货能力，才能既保证最大可能地去抢单，又避免出现违约的现象。

--所有公司--	从第1季度	到第1季度	北京	品质型客户

订单编号	所属公司	时间	市场	产品	订单数量	已完成数量	单价	合同额	已完成合同额	完成率
28 号	6(6)	1	北京	小飞侠	350	350	125	43 750	43 750	100%
29 号	12(12)	1	北京	滑稽宝宝	222	222	145	32 190	32 190	100%
30 号	1(1)	1	北京	棉尾兔	600	600	120	72 000	72 000	100%

图 6-1 第 1 季度北京市场品质型客户订单汇总

--所有公司--	从第1季度	到第1季度	北京	品质型客户

订单编号	所属公司	时间	市场	产品	订单数量	已完成数量	单价	合同额	已完成合同额	完成率
31号	3(3)	1	北京	A1	205	205	147	30 135	30 135	100%
32号	4(4)	1	北京	熊二	500	252	119	59 500	29 988	50%
33号	2(2)	1	北京	瓷砖	490	490	120	58 800	58 800	100%
34号	9(9)	1	北京	大白	534	534	130	69 420	69 420	100%
35号	11(11)	1	北京	哈哈笑	350	297	126	44 100	37 422	85%窗体底端

图 6-1　第 1 季度北京市场品质型客户订单汇总(续)

(三)成品库存分析

成品库存一方面反映公司的可供货能力，另一方面也反映公司的供求平衡问题(图 6-2)。库存太多，反映公司的产能过多或者销售无力，必须扩大销售或控制产能，否则企业将陷入资金断流危机，或亏损不断扩大的危机；库存为零，说明公司产能不足或促销过于用力。前者浪费赢利机会，后者浪费宝贵资源。

产品	库存量(件)	库存价值(元)	平均成本(元)
棉尾兔 ⓘ	1290	77 858.81	60.36
财财 ⓘ	0	0	0
蜡笔小新 ⓘ	116	6329.83	54.57
比克大魔王 ⓘ	0	0	0
合计	1406	84 188.63	---

图 6-2　某公司成品库存情况

说明：把鼠标放在"！"上可以了解产品的设计研发信息。

(四)产品评价分析

产品评价是决策销售订单分配的直接依据，由影响消费群体购买决策之五个因素的评分构成(表 6-2)。公布这项数据是让各公司掌握自己在市场上的竞争能力状况，以便恰当地调整自己的市场营销策略。

表 6-2   第 1 季度北京市场品质型产品的评价(得分)

群体	产品	产品价格	产品品牌	产品功能	销售能力	产品口碑	总分
品质型客户	棉尾兔(1)	2.128	3.906	6.191	2.083	0.000	14.308
	熊二(4)	2.164	4.688	6.191	1.250	0.000	14.292
	瓷砖(2)	2.128	3.125	6.191	1.667	0.000	13.110
	哈哈笑(11)	1.930	3.906	6.191	0.833	0.000	12.860
	大白(9)	1.813	3.906	6.191	0.833	0.000	12.743
	小飞侠(6)	1.961	3.906	6.191	0.417	0.000	12.475
	滑稽宝宝(12)	1.458	1.172	1.429	1.250	0.000	5.308
	A1(3)	1.418	0.391	1.429	1.667	0.000	4.904

二、部门查询与分析

在公司场景下点出相应的部门，各个部门可以随时查看本公司乃至所有竞争对手的与本部门相关的一些经营状况。

(一)财务部查询与分析

1. 经营状况

可以查询公司的基本费用、应收账款、应付账款和银行贷款等状况(表 6-3)，要随时掌握公司的财务状况，以确保有效利用资金。

表 6-3   公司经营状况查询界面

基本费用	应收账款	应付账款	银行贷款
(***公司)1 季度基本费用			
项目	值	项目	值
本期公司注册费	3000.00	累计公司注册费	3000.00
本期所得税	0.00	累计所得税	0.00
本期增值税	0.00	累计增值税	0.00
本期行政费用	0.00	累计行政费用	0.00
本期招聘费用	1500.00	累计招聘费用	1500.00
本期工资费用	0.00	累计工资费用	0.00
本期产品设计费用	90 000.00	累计产品设计费用	90 000.00
本期购买生产线费用	360 000.00	累计购买生产线费用	360 000.00

续表

基本费用		应收账款		应付账款		银行贷款
(***公司)1 季度基本费用							
项目	值	项目	值		
本期市场开发费用	80 000.00	累计市场开发费用	80 000.00		
……		……			

2．财务分析

公司财务报告就是三大报表：现金流量表、利润表和资产负债表，要重点关注公司的利润与权益变化状况。

财务分析主要是对盈利能力分析、经营能力分析和偿债能力分析等 12 个指标进行分析，对各项指标的得分进行比较，分析在行业中的水平，并努力加以改进。

3．趋势分析

对三大报表中的主要指标，例如营业收入、销售费用、净利润的发展趋势进行分析，可以了解公司的发展状况，是走上坡路还是走下坡路，如果公司陷入困境就要想办法改进公司的发展策略。

(二)研发部查询与分析

1．经营状况

主要是查询自己公司产品的设计与研发完成状况。

2．分析报告

(1)产品分析(图 6-3)。

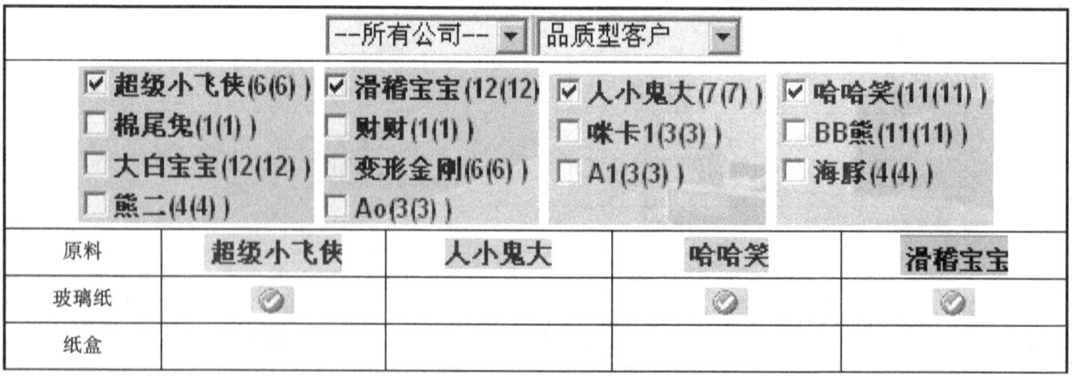

图 6-3　各公司品质型的设计

原料	超级小飞侠	人小鬼大	哈哈笑	滑稽宝宝
金属盒		●		
短平绒	●		●	
松针绒		●		●
玫瑰绒				
PP棉	●		●	●
珍珠棉		●		
棉花				
发声	●	●	●	
发光				

图 6-3　各公司品质型的设计(续)

说明：想查看哪款产品的设计就选择它，通过分析产品评价得分和产品设计BOM，就可以了解什么样的设计比较合适。

(2)参与市场分析(表 6-4)。

表 6-4　各公司参与某市场竞争的产品

区域市场	公司	品质型客户	经济型客户	实惠型客户
北京市场	1(1)		灰太狼	变形金刚
	2(2)		小熊	小马
	3(3)			开心实惠1
				开心实惠2
	4(4)			实惠型低配
	5(5)		大神经济1	大神实惠1
	6(6)		甜心2	甜心
	7(7)			小幸运
	8(8)			懒羊羊
	9(9)		千钧一发	提莫大宝剑
	10(10)			小恐龙
				小仙女

说明：由表6-4中可见，第1季度各公司在北京市场上的竞争基本上集中在实惠型客户上，居然没有一个小组针对品质型消费群体提供产品。

（三）制造部查询与分析

1. 经营状况

可以查询公司生产制造部门的厂房、设备、工人、在制品等状况（图6-4）。

厂房	设备（条）	生产工人（个）	在制品（件）
14466号中型厂房 ⓘ	52647号柔性线 ⓘ	0	0
	52678号柔性线 ⓘ	0	0
	52655号手工线 ⓘ	2 ⓘ	900 ⓘ
	52742号手工线 ⓘ	1 ⓘ	450
	共4条	共3人	1350

图6-4　公司生产制造状况查询界面

2. 分析报告

可以分析公司资质认证的进度、生产配置的利用程度、原料库存和成品库存的状况，其中，原料库存与成品库存将反映公司的运营水平和战略意图。从战略意图上讲，有时候为了采购折扣或充分利用产能，在资金允许的情况下是可以多准备一点库存的。

（四）市场部查询与分析

1. 经营状况

可以随时掌握公司各个区域市场的开发进度及完成情况。

2. 分析报告

可以查询公司的品牌（产品）设计、各公司的产品评价得分（以及明细到价格评价、广告评价、功能评价、能力评价和口碑评价的得分）、各公司的产品设计分析、各公司的广告效应分析和各公司的报价分析等（图6-5）。

这部分信息非常重要，不仅可以查询本公司的状况，还可以查询其他公司的状况，是知己知彼的重要途径，是调整决策的重要信息来源。

第六章 企业经营分析报告

1 ▼	--所有市场-- ▼	--全部渠道-- ▼	--全部消费群体-- ▼			
市场报告	1季度—所有市场—全部消费者—产品评价					
品牌设计	市场	产品	产品价格	产品品牌	产品功能	销售能力	产品口碑
产品评价	北京	实惠1					
价格评价		经济1					
广告评价		品质1					
功能评价							
能力评价							
口碑评价							
产品设计分析							
广告效应分析							
产品报价分析							

图 6-5 市场部功能区—市场报告

（五）销售部查询与分析

1. 经营状况

可以查询各季度、各市场、各消费群体的销售状况，是一项比较全面的销售状况查询（表6-5）。

表6-5 第1季度销售经营状况

市场	实惠型			经济型			品质型		
	订单量	交付量	销售额	订单量	交付量	销售额	订单量	交付量	销售额
北京									
上海									
广州									
武汉									
成都									

2. 分析报告

可以查看公司的收入分析、销售业绩（各个市场占有率和交付率）、细分市场（占有率）、订单汇总，以及市场最佳、市场增长、人均销售收入、产品利润、区域利润、销售力量等信息（这一部分信息可以查询所有竞争对手的数据）。（图6-6）

创业之星实用教程

1季度	1-	--全部消费群体--	
销售报告	1季度—所有消费群体—销售产品统计报表			
收入分析	产品(公司)	销售收入	销售成本	产品销售毛利	产品销售毛利率
销售业绩					
细分市场					
订单汇总					
市场最佳					
市场增长					
人均收入					
产品利润					
区域利润					
销售力量					

图 6-6　销售功能区—销售报告

(六)人力资源部查询与分析

1. 经营状况

可以查询公司的管理人员、销售人员、生产工人的人数等相关信息。

2. 分析报告

可以查询人员结构、人力成本等信息，其中人力成本是编制财务预算和财务报表所需要的重要信息(图 6-7)。本季度人员结构与生产工人、销售人员的成本要到期末才能查询。

第1季度	--全部--		
人力成本统计	人力成本堆栈	人力成本饼图	
人员类型	数量(人)	季工资(元)	季五险(元)	合计(元)
管理人员	5	10 000	3110	13 110
生产工人				
销售人员				
合计				

图 6-7　公司人力成本

三、总经理查询与分析

(一)管理驾驶舱

管理驾驶舱提供了一个非常综合的分析功能,是总经理等高级管理人员常用的、相对简略的查询分析工具。在公司场景中单击"总经理",在弹出窗口中选择"管理驾驶舱—财务管理",可以查询用图形展示的公司经营能力、盈利能力、偿债能力等关键财务绩效指标的数据及行业平均值(见图6-8)。

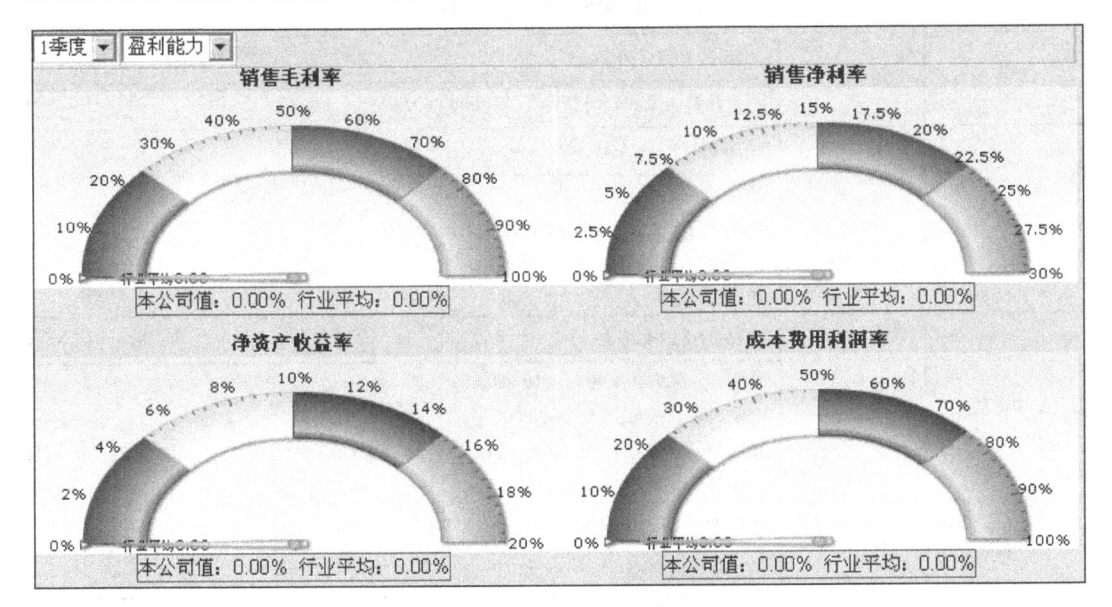

图6-8 公司财务管理驾驶舱

(二)经营状况查询与分析

在总经理办公室同样可以查询各个部门的经营状况。

(三)经营绩效查询与分析

可以查询综合表现(盈利表现、财务表现、市场表现、投资表现、成长表现),所看到的信息与教师端公布的信息是一致的,这里不再重复。

(四)部门报告查询与分析

总共包括财务报告、市场报告、生产报告和研发报告,与各部门的分析所选也是一样的,这里不再重复。

(五)决策历史查询与分析

这是一项非常重要的查询功能,只有在总经理办公室才能查询。当然,所有管理人员都可以进入总经理办公室查阅决策历史。在这里可以查看到自己每步操作所带来的现金收支状况,当你怀疑自己操作或系统有问题时,可以通过它来查证是否是自己做出的决策、决策是否已经产生效果(图 6-9)。

1季度 ▼	--所有决策信息-- ▼	
2(2)1 季度决策历史明细			
自动更新	1 季度	2016-09-21 14:26:37.137
		经营开始,您的公司获得注资:600 000.00
自动更新	1 季度	2016-09-21 14:26:39.463
		公司注册费用
		扣除前现金余量: 600 000.00
		扣除公司注册费用: 3000.00
		扣除后现金余量: 597 000.00
自动更新	1 季度	2016-09-21 14:26:39.51
		季度初扣除办公室租金:10 000.00
		扣除前现金余量: 597 000.00
		扣除办公室租金: 10 000.00
		扣除后现金余量: 587 000.00
自动更新	1 季度	2016-09-21 14:26:39.65
		季度初公司现金:587 000.00
签订合同	1 季度	2016-09-21 14:36:35.59
		与吴远春签订了劳动合同
渠道开发	1 季度	2016-09-21 14:53:11.103
		投入对:上海 下的 零售渠道 的开发
		扣除前现金余量:587 000.00
		扣除市场开发费用:20 000.00
		扣除后现金余量:567 000.00
渠道开发	1 季度	2016-09-21 14:53:15.387
		投入对:广州 下的 零售渠道 的开发
		扣除前现金余量:567 000.00
		扣除市场开发费用:20 000.00
		扣除后现金余量:547 000.00
...	...	...

图 6-9 公司决策历史(部分)

四、实验报告

实验课时：8个季度共计8个实验项目，每个项目3学时，共24学时。

实验目的：掌握企业运营管理规律，提升创业计划执行能力和企业运营管理能力。

实验要求：根据相关行业的背景和规则，完成8个季度的企业运营管理任务。

实验内容：每个季度的运营管理均需完成以下工作。

(1)决策阶段工作。

(2)交货阶段工作。

(3)决算阶段工作。

(4)完成实验报告。

做好了企业运营方案，掌握了企业运营规则、操作方法，以及查询分析方法之后，试运营1个季度，就可以开始正式运营了。正式运营一般是完成2年共8个季度的运营业务。完成一个季度的标志是形成财务报表和绩效评价，其中，无法正确完成财务报表的小组可以把系统提供的正确数据录入下列空报表中(可以不交，由学生自行掌握)，而企业经营绩效评价(实验报告)须提交给老师存档(表格不够请学生自行复印)，作为成绩评定的依据之一。

实 验 报 告

_____班_____组　　　　　　　　　　　　　　　　　　　　　　　　　　　　(　　)季度

项目	经营绩效	原因分析及相应对策
销售目标完成状况	销售量目标 (　　) 实际完成 (　　)	提示：哪个市场完成好，哪个市场完成不好，原因何在？

续表

项目	经营绩效	原因分析及相应对策
产销匹配性	违约 （　　） 剩余库存 （　　）	
资金运用	资金链断裂 （　　） 剩余现金 （　　）	
利润完成		
综合表现排名		

第七章 实操常见问题

一、登录注册问题

1. 登录密码问题

登录密码在注册用户的时候由自己设置，如果确实忘记设置的密码，请联系老师清空密码。

2. 操作没有权限该怎么设置总经理角色

进入主界面-编辑个人信息，设置总经理。

3. 用户名、公司名称的修改

用户名可以在第 0、第 1 季度修改。公司名称只能在第 1 季度修改，1 季度之后需要修改的请联系控制教师端的老师。

二、数据规则问题

1. 怎么查看数据规则

旧版本主界面方向盘右边有个问号，单击进去可以查看各数据规则及市场需求等信息。新版本界面可以直接单击"规则"查看。

2. 数据规则包括的内容

(1)经营概述：经营背景介绍和总的工作流程介绍。

(2)数据规则：初始资金、税费、养老金、借款贴现利率、厂房设备折旧率租金等数据规则。

(3)消费群体：各消费群体关注点和产品选择原则；各市场消费者最高价格走势图。

(4)设计研发：设计研发的费用等。

(5)生产制造：厂房和设备的参数及说明；工人参数；原料参数、价格趋势及折扣；各市场资质认证要求；制造成本(成品固定成本)组成。

(6)市场营销：各市场开发周期及费用；产品推广；销售人员参数及说明；订单报

价要素（包括违约罚款说明）；各周期各市场需求。

(7)组间交易：该功能的开放由教师端数据规则控制。分为原料交易和订单交易的说明。

(8)评分说明：盈利表现、财务表现、市场表现、投资表现、成长表现的公式和权重。

(9)季度结算：季度末和季度初自动结算的项目。

三、研发设计问题

每步决策前，请阅读对应的规则说明。

1. 原料如何选择，产品如何设计

在产品设计之前，需要仔细阅读"系统帮助"和"消费群体"，了解整个行业的消费群体特性，然后选择设计最适合的产品来满足此类消费群体。

在配置产品原料时，应在"系统帮助"和"生产制造"里关注原料的价格走势以及市场是否紧缺等情况，以免影响后期生产经营；同时，功能配置并不是越多越好，相反，配置多于消费者需求反而增加了成本，越贴近消费者需求的产品越容易得到消费者认可并购买。

2. 研发周期问题

确定新产品名称、选择对应目标群体、配置好新产品 BOM 物料之后，BOM 物料表右下方有对应的研发周期。研发周期为 0 的，表示无须研发，可以直接生产制造。研发周期为 1 的，需要进入产品研发模块，进行研发投入。

四、生产制作问题

每步决策前，请阅读对应的规则说明。

1. 当季怎么撤销购买或租用固定资产

在购买的界面下方会有当季刚刚买入或租用的设备或厂房列表，单击列表最后面的"撤销"即可取消购买或租用

2. 厂房和设备如何出售

(1)可以季末出售的设备：生产线投产以后，可以预辞退工人和预售设备，到期末生产下线后，即可自动完成工人辞退和设备出售。

(2)可以季末出售或退租的厂房：在预售设备的同时，可以预售或预退租厂房，期末在设备售出的同时，自动完成厂房的售出或退租。

(3)可以当季出售的设备:设备上没有在制品、没有工人、没有在搬迁中,就可以在决策阶段当即售出并回收资金。

(4)可以当季出售或退租的厂房:厂房没有任何设备,就可以在决策阶段当即售出并回收资金。

(5)厂房设备的搬迁、出售等操作需要到生产车间去操作。

3. 原材料如何撤销

对于本季度购买的原料,单击"原料子类"可看到购买记录明细,单击"撤销"可以撤销购买操作,撤销后将原价返还购置款。注意:已经拆分使用的原料不能撤销。

4. 资质认证的用途或什么时候开始认证

在不同的市场下,不同的订单对资质认证要求各不相同,资质认证有一定周期,所以需要提前投入。可以到系统"帮助-生产制造"里面查看。没有完成资质认证,就不能对需要资质认证的订单进行报价。

5. 去哪里投料生产产品

进入公司界面,单击右边"生产车间",选择"厂房",进入厂房内部,单击各设备,选择需要生产的产品,下面有该产品对应的研发设计信息、BOM 原料配制表及原料平均成本和原料库存情况。投料生产将受到设备产能、工人产能和原料库存的多重约束。

6. 如何提高设备实际产能

实际产能=设备最大产能×设备成品率。其中设备最大产能以设备本身最大产能与设备上工人合计最大产能两者中最小的为准。比如某设备最大产能 2000,设备上 4 个工人合计最大产能 1800,设备成品率 90%,则设备实际产能=1800×90%=1620

工人产能可以通过培训提升;设备成品率可以通过设备升级来提升。

7. 次品和废品如何处理

生产线由于具有成品率的因素,生产过程中会产生次品。次品做报废处理,次品相对应的原材料价值会自动分摊到产出的成品中。

五、市场销售问题

1. 本季度各市场需求哪里看

一是市场预测哪里可以查到;二是"销售部—产品报价",可以看各市场各消费群体的购买量,即总的需求。

2. 产品报价上限数目如何设置

默认的报价上限是该市场的销售人员销售能力之和。这里数值可以修改，不超过本市场销售能力之和。

每个季度市场销售（报价）时都应该正确核算公司可供产品能力（成品=实际产能×成品率），再去决定参与多少订单报价。报价时直接设置上限数来控制拿单量，以免最后订单拿得太多而导致违约。

3. 产品报价的条件

只有该市场已经开发完成、配备了销售人员和至少有一个已经可以投产的产品，符合这三项条件才能进行产品报价。

4. 如何提高销售能力及销售能力体现

可以通过销售员培训提升销售能力。销售员的销售能力体现在本市场内的所有已经研发完成的产品上，即每个产品的销售能力均等。

5. 市场需求曲线走势图为什么会随着经营而发生改变

市场需求会随着市场竞争情况而发生改变，例如北京市场一季度预计购买量为2000，二季度预计为 3000，如果所有的公司一季度都未在北京市场做任何销售活动，那么到二季度时，一季度的 2000 购买量会自动累计到二季度，所以二季度需求量会变成 5000（也许只累计其中的 40%，具体看系统参数设置）。

6. 公司如何进行广告宣传

可以在市场部进行广告投入，广告投入是针对具体产品的。广告投入具有时间累积性，但随着时间推移，前面投入的广告对后面季度的影响会越来越弱。例如某公司一季度针对 A 产品投入了 1 万元的广告，二季度又投入了 1 万元，则在二季度时，A 产品实际累积的广告效应应该大于 1 万元但小于 2 万元。

7. 消费者如何确定购买哪家公司的产品，以及买多少

公司能获得多少订单是由五个因素决定的，一是你的产品功能，二是你的产品价格，三是你的产品广告，四是你的销售服务能力，五是你的产品口碑。当然针对不同的消费者，五个因素影响的权重并不相同，五个因素的规划要因人而异。

六、人力资源问题

1. 工人或销售人员在哪里招聘

单击方向盘上的"市场"，或者主界面进入"交易市场"。在"交易市场"场景里，

门口处有"人才市场",可以完成招聘工作。

2. 工人或销售人员不签订合同会怎么样

不签订合同会在每期末被劳动部门按未签合同人数处以罚金。具体金额以系统数据规则为准。

3. 工人、销售人员怎么进行培训或辞退

(1)在制造部递交工人培训或辞退计划,然后在人力资源部执行工作。

(2)可以在销售部递交销售人员培训或辞退计划,然后在人力资源部执行工作。

(3)辞退在决策中操作,季末才生效,也就是当季仍可工作。

(4)培训本期操作,下季度才生效,也就是下季度才提升能力。

4. 工人、销售人员辞退的后果

(1)工人、销售人员在没有签订合同之前,可以在交易市场撤销招聘,不需要支付费用。

(2)一旦签订合同后,只能辞退,试用期(当季)辞退不需要支付补偿金,但是工资需要支付,下一季度辞退需要支付补偿金和工资。

5. 管理人员工资和行政管理费

(1)管理人员工资指小组管理团队所有人员的季度工资,不分人数多少,每个季度均为10 000元。

(2)行政管理费=(本季度管理人员+生产工人+销售人员)×1000.00元/人

七、公司融资问题

1. 经营中现金不足怎么办

(1)银行—信贷业务—贷款。

(2)财务部—应收账款—贴现。根据货款到款周期不同,需支付的贴现利率也不同,具体利率请查看数据规则。

(3)处理闲置的固定资产。

(4)季度初或者季度末出现资金断流情况,系统自动给予紧急贷款。紧急贷款利率以及扣分情况,请参考学生端系统帮助。

2. 借款额度问题

(1)银行借款额度:总授信额度和本期授信额度中取最小值。

(2)总授信额度=上季末净资产(即所有者权益)-累计已借款金额

(3)本期授信额度：教师端数据规则里设置。

(4)紧急借款=20万。季度初和季度末出现资金断流时系统自动发放。一次紧急贷款不够，发放2次，确保现金>0。公司在决策阶段也可以主动申请紧急借款。

3. 贷款还款问题

银行借款和紧急贷款期限都是3季度，到期季度末系统自动扣除。不能提前还贷。

八、公司税费问题

1. 期初税费

(1)增值税精确数据需要自己计算，支付后的增值税可以在"总经理-决策历史"中查看，资产负债表应交增值税中可以看到累计到当前需要支付的增值税。要准确计算出期初要扣的增值税，就要把采购原料时的每笔进项税(采购原料时可以看到)和销售产品时(根据交货时的金额可以算出)的每笔销项税都详细记录下来，这样才能准确了解到下期初是否需要缴纳增值税。

(2)所得税在"总经理—决策历史"中查看，也可以查看当期损益表中所得税一项。

2. 营业税

只有当季有营业外收入时才需缴纳营业税，否则不需要。

3. 季度末扣除的制造费用包括哪些明细

"总经理决策—历史决策"信息里面有"本笔现金将在期末支付!"，这笔费用就属于制造费用。制造费用一般包括设备维护、搬迁升级和产品加工费等。

4. 营业成本

营业成本=交货的成品数×单个成品生产成本(包括直接材料+直接人工+制造费用)。

5. 停工损失

(1)如果当季度某条生产线没有生产，则与该生产线有关的"生产线折旧费、生产线维修费、该生产线上的工人工资和五险"等计入"管理费用-停工损失"。

(2)如果企业某一厂房内的所有生产线都停工，则该厂房的租金或折旧、生产线折旧费、生产线维修费、该生产线上的工人工资和五险等计入"管理费用-停工损失"。

6. 最后一季度是否需要处理（出卖）设备

卖设备是固定资产向流动资产的转换，不影响资产总额。该操作对评分指标的影响需要自己去察看分析。

7. 最后一季度是否需要贴现

根据个人情况自己确定。贴现是应收账款向现金的转换，同时需要支付一定贴现利率。影响其他的评分标准的指标需要自己去察看分析。

8. 最后一个季度购买厂房和设备是否有意义

由于厂房购买和设备安装当季不折旧，第 4 季度购买厂房和设备不产生基本费用，也不影响企业利润，所以，如果企业现金有剩余就可以购买厂房和设备，以增加投资表现得分。

第八章　销售订单分配原理

实现企业利润最直接的路径就是扩大销售，因此"销售为王"是企业普遍遵循的商业规则。在每年由高等学校国家级实验教学示范中心联席会经管学科组举办的"学创杯"大学生创业综合模拟大赛中，销售订单的竞夺是最关键、最激烈的环节。由于许多同学并不了解"创业之星"系统的销售订单发放的规则，所以在竞赛中总是感到无所适从，总是被动地接受市场给自己安排的命运，无法主动地去利用市场，按自己的计划去实现自己的战略战术目标。下面以授课过程中出现的案例对"创业之星"系统在产品评价方面的计分规则和销售订单发放的规则加以说明，供各位参赛选手参考。

一、产品评价与销售订单的分配

(一)销售订单分配公式

产品订单量=市场订单总量×(产品评价得分÷总分)

(二)几点说明

(1)评分由产品功能、产品价格、产品品牌、销售能力和产品口碑五项分数构成。

(2)第1季度由于缺少产品口碑这项分数，所以总分只有90分，其他季度的总分为100分。

(3)如果能准确计算出自己获得产品的评价分，就能知道这款产品可以分配到多少订单。有时候可能会多出一些，这是因为其他小组控制拿单量(设置上限数)而使自己有机会获得更多的订单。根据自己产品可供量来设置订单上限数是一项十分重要的工作，必须重视。

(三)几个例子

(1)案例1——第1季度北京市场品质型客户订单的实际发放状况(表8-1)。

表 8-1　第 1 季度北京市场品质型客户订单的分配

项目	第6组	第9组	第3组	第2组	第7组	第5组	第10组	第1组	第12组
产品评价(分)	12.24	10.78	10.19	10.14	9.75	9.47	9.47	9.21	8.74
订单应得量(件)	451	397	375	373	359	349	349	339	322
订单实得量(件)	461	406	383	381	367	357	357	275	329

说明：总分=90(分)，市场订单总量=3312(件)，一共有 9 款产品参与市场竞争，由于第 1 组的产品设置了拿订单上限数，实际拿单 275 件，低于应得 339 件，这些多出的订单转移给了其他品牌(小组)，因此，其他品牌(小组)实得订单均比应得订单多了一点。

(2)案例 2——第 1 季度北京市场经济型客户订单的实际发放状况(表 8-2)。

表 8-2　第 1 季度北京市场经济型客户订单的分配

项目	第6组	第11组	第9组	第10组	第1组	第3组	第7组	第5组	第4组	第12组
产品评价(分)	11.030	10.984	10.411	9.181	8.645	8.516	8.399	8.035	7.593	7.207
订单应得量(件)	541	539	511	450	424	418	412	394	372	353
订单实得量(件)	546	544	516	454	384	422	416	398	377	357

说明：总分=90(分)，市场订单总量=4416(件)，一共有 10 款产品参与市场竞争，由于第 1 组的产品设置了拿订单上限数，实际拿单 384 件，低于应得 424 件，这些多出的订单转移给了其他品牌(小组)，因此，其他品牌(小组)实得订单均比应得订单多了一点。

(3)案例 3——第 1 季度北京市场实惠型客户订单的实际发放状况(见表 8-3)。

表 8-3　第 1 季度北京市场实惠型客户订单的分配

项目	第6组	第8组	第1组	第9组	第10组	第11组	第2组	第5组	第7组	第12组
产品评价(分)	10.011	9.875	9.545	9.493	9.453	9.316	8.790	8.053	7.787	7.675
订单应得量(件)	609	600	580	577	575	566	534	490	473	467
订单实得量(件)	659	649	440	624	500	613	500	500	450	500

说明：总分=90(分)，市场订单总量=5472(件)，一共有 10 款产品参与市场竞争，由于很多小组(品牌)都设置了拿订单的上限数，实际拿单量少于应得量，这些多出的订单被转移给了其他小组，因此，其他小组实得订单均比应得订单多了许多。

（四）案例分析

从上面的例子可以看到第 1 组存在的问题最多，没有考虑自己的产能，花了很大的代价来赢取很多分数，却又无须那么多订单，造成了许多无谓的损失。所以，每个小组应该根据自己的销售目标来确定自己需要的总得分是多少。例如：第 1 组北京市场实惠型产品仅需要 500 件，那么他仅需 500÷5472×90=8.22 分。

上面介绍的是总分如何决定销售订单获得量，那么接下来的问题就是，构成总得分的各项分数又是如何取得的？

二、产品设计对产品评价的影响

产品设计对产品评价的影响不太容易做出判断，但通过下面众多的例子可以找到一些规律。

（一）品质型产品的设计

(1) 案例 1——第 1 季度品质型产品设计的得分（表 8-4）。

表 8-4 A 场对抗第 1 季度品质型产品设计的评分

项目	设计 1	设计 2	设计 3	设计 4
BOM	玻璃纸+短平绒+PP棉+发声装置	玻璃纸+松针绒+PP棉		
参与数（款）	2	6		
得分（分）	11.82	2.73		
成本（元）	31	33		

说明：第 1 季度有 8 款产品参与抢分（共 40 分），第一款产品成本低于第二款产品，评价分却更高，可能是发声装置在起作用，而其他材料对品质型群体影响不大。

(2) 案例 2——第 4 季度品质型产品设计的得分（表 8-5）。

表 8-5 A 场对抗第 4 季度品质型产品设计的评分

项目	设计 1	设计 2/3	设计 4	设计 5/6
BOM	玻璃纸+短平绒+PP棉+发声装置	玻璃+松针+PP棉 玻璃+短平+PP棉	金属+玫瑰绒+棉花	金属+玫瑰+珍珠 金属+松针+棉花
参与数（款）	2	8	6	3
得分（分）	1.775	0.41	4.1	2.87
成本（元）	31	33/28	56	51/51

说明：第 4 季度有 19 款产品参与抢分(共 40 分)，设计 4 获得了最高分 4.1 分，而原来曾经风光的设计 1 的得分迅速下降到 1.775 分，当然，设计 4 的成本更高。

(3)案例 3——第 1 季度品质型产品设计的得分(表 8-6)。

表 8-6　B 场对抗第 1 季度品质型产品设计的评分

项目	设计 1	设计 2	设计 3	设计 4
BOM	玻璃纸+短平绒+PP 棉	玻璃纸+松针绒+PP 棉	纸质盒+短平绒+PP 棉	
参与数(款)	1	8	1	
得分(分)	4	4	4	
成本(元)	28	33	30	

说明：第 1 季度有 10 款产品参与抢分(共 40 分)，全部得 4 分，看来这些成分都不是品质型顾客所看重的。

(4)案例 4——第 1 季度品质型产品设计的得分(表 8-7)。

表 8-7　B 场对抗第 4 季度品质型产品设计的评分

项目	设计 1	设计 2	设计 3	设计 4
BOM	玻璃纸+短平绒+PP 棉	金属盒+玫瑰绒+珍珠棉	金属盒+玫瑰绒+棉花	
参与数(款)	6	3	4	
得分(分)	0.597	4.18	5.97	
成本(元)				

说明：第 4 季度有 13 款产品参与抢分(共 40 分)，从这里可以看到更符合消费者需求的产品配置设计 3 出来之后，原来的设计 1 一下子就掉到 0.597 分。

(二)经济型产品的设计

(1)案例 1——第 1 季度经济型产品设计的得分(表 8-8)。

表 8-8　A 场对抗第 1 季度经济型产品设计的评分

项目	设计 1	设计 2	设计 3	设计 4
BOM	玻璃纸+短平绒+PP 棉+发声装置	玻璃纸+松针绒+PP 棉	纸质盒+短平绒+PP 棉	
参与数(款)	2	6	1	
得分(分)	5.8036	1.34	5.3571	
成本(元)	31	33	30	

说明：第1季度有9款产品参与抢分（共25分），设计2是比较失败的，没有一样材料是符合经济型群体需求的。

(2)案例2——第1季度经济型产品设计的得分（表8-9）。

表8-9 B场对抗第1季度经济型产品设计的评分

项目	设计1	设计2	设计3	设计4
BOM	纸质盒+短平绒+PP棉	玻璃纸+松针绒+PP棉	玻璃纸+短平绒+PP棉	
参与数（款）	1	10	1	
得分（分）	6.6667	1.6667	1.6667	
成本（元）	30	33	28	

说明：第1季度有12款产品参与抢分（共25分），设计1与设计3相比，说明经济型顾客对纸质包装盒比较看重。设计2与设计3相比成本更高，但分数相同，是否说明经济型客户对松针绒不感兴趣？还是因为雷同性设计太多？

(3)案例3——第6季度经济型产品设计的得分（表8-10）。

表8-10 B场对抗第6季度经济型产品设计的评分

项目	设计1	设计2	设计3	设计4
BOM	纸质盒+短平绒+PP棉	玻璃纸+松针绒+PP棉	玻璃纸+短平绒+PP棉	纸质盒+松针绒+珍珠棉
参与数（款）	1	8	1	2
得分（分）	3.7037	1.6667	1.6667	6.4815
成本（元）	30	33	28	

说明：第6季度有12款产品参与抢分（共25分），设计4出来以后，设计1的分数下降了很多。"纸质盒+松针绒+珍珠棉"是经济型产品的标准配置，如果再增加辅件抢分效果应该会更好。

(三)实惠型产品的设计

(1)案例1——第1季度实惠型产品设计的得分（表8-11）。

表8-11 A场对抗第1季度实惠型产品设计的评分

项目	设计1	设计2	设计3	设计4
BOM	玻璃纸+短平绒+PP棉+发声装置	玻璃纸+松针绒+PP棉	玻璃纸+短平绒+PP棉	纸质盒+短平绒+PP棉

续表

项目	设计 1	设计 2	设计 3	设计 4
参与数(款)	1	1	6	1
得分(分)	3.1156	3.0151	2.1106	1.206
成本(元)	31	33	28	30

说明：第 1 季度有 9 款产品参与抢分(共 20 分)，设计 3 与设计 4 的比较说明纸盒包装不为消费者所认可。

(2)案例 2——第 1 季度实惠型产品设计的得分(表 8-12)。

表 8-12　B 场对抗第 1 季度实惠型产品设计的评分

项目	设计 1	设计 2	设计 3	设计 4
BOM	玻璃纸+松针绒+PP 棉	玻璃纸+短平绒+PP 棉	纸质盒+短平绒+PP 棉	
参与数(款)	2	8	1	
得分(分)	3.0151	2.1106	1.206	
成本(元)	33	28	30	

说明：第 1 季度有 9 款产品参与抢分(共 20 分)，通过这一组的比较，可以看到实惠型群体对纸盒包装不认可，但对松针绒的面料是比较认可的。

三、产品报价对产品评价的影响

产品报价对产品评价的影响比较直接，在依据"平均分=总分÷参与竞争产品数"的基础上，根据市场平均价、自己的报价和分差，便可大概估计出自己的得分。

(一)品质型产品报价

(1)案例 1——第 1 季度品质型产品报价的得分(表 8-13)。

表 8-13　A 场对抗第 1 季度品质型产品报价的评分

报价(元)	125	128	129	130	132	145	145	150
得分(分)	2.1756	2.0748	2.0428	2.0115	1.9510	1.6168	1.6168	1.5108
分差(分/元)	0.0336	0.0320	0.0313	0.0302	0.0257	0.0257	0.0212	

说明：共有 8 款产品参与抢分(共 15 分，平均分 1.875，平均报价为 137.5 元)，大概得到 1.875 分。从各小组报价与得分情况看，价格每降 1 元，分差在

0.0212~0.0336 之间，而且分差有稍微递增趋势，但总的来说品质型顾客对价格确实不太敏感。

(2)案例 2——第 1 季度品质型产品报价的得分(表 8-14)。

表 8-14 B 场对抗第 1 季度品质型产品报价的评分

报价(元)	130	135	135	135	138	140	140	140
得分(分)	1.8733	1.7371	1.7371	1.7371	1.6624	1.6153	1.6153	1.6153
分差(分/元)	0.0272	0.0249	0.0249	0.0249	0.0236	0.0208	0.0208	0.0208

说明：共有 9 款产品参与竞争(共 15 分，平均分 1.6667)，从各小组报价与得分情况看，价格每降 1 元，分差在 0.0208~0.0272 之间，说明参与竞争的产品越多，分差就会越小。

(二)经济型产品报价

(1)案例 1——第 1 季度经济型产品报价的得分(表 8-15)。

表 8-15 A 场对抗第 1 季度经济型产品报价的评分

报价(元)	98	100	103	105	108	112.8	118	120	120
得分(分)	4.088	3.926	3.701	3.561	3.366	3.086	2.820	2.726	2.726
分差(分/元)	0.0810	0.0751	0.0698	0.0650	0.0584	0.0511	0.0467		

说明：共有 9 款产品参与竞争(共 30 分，平均分 3.333，平均报价为 109 元)，从各小组报价与得分情况看，价格每降 1 元，分差在 0.0467~0.0810 之间，价格敏感度比品质型更大。

(2)案例 2——第 1 季度经济型产品报价的得分(表 8-16)。

表 8-16 B 场对抗第 1 季度经济型产品报价的评分

报价(元)	100	100	105	108	109	110	110	110	115	120
得分(分)	3.5	3.5	3.19	3.01	2.96	2.91	2.91	2.91	2.66	2.44
分差(分/元)		0.065	0.058	0.055	0.054			0.049	0.043	

说明：共有 10 款产品参与竞争(共 30 分，平均 3 分)，从各小组报价与得分情况看，价格每降 1 元，分差在 0.043~0.065 之间，说明参与的品牌越多，分差就会越小。

（三）实惠型产品报价

案例——第 1 季度实惠型产品报价的得分（表 8-17）。

表 8-17　A 场对抗第 1 季度经济型产品报价的评分

报价(元)	75	80	82	83	88	88	89	90	90
得分(分)	7.058	6.204	5.905	5.763	5.127	5.127	5.012	4.902	4.902
分差(分/元)	0.171	0.15	0.142	0.127	0.115	0.115	0.111		

说明：共有 9 款产品参与竞争（共 50 分，平均 5.556 分，平均报价为 85 元），从各小组报价与得分情况看，价格每降 1 元，分差在 0.1107～0.1709 之间，实惠型顾客对价格敏感度最大，降价 10 元，大概可以多得 1.5 分，相当于多得 1.5%的订单。

四、产品广告对产品评价的影响

产品广告对产品评价的影响也比较直接，可以统计一下参与竞争的产品数量（在"研发部—分析报告—参与市场"可以查询，例如 10 个），再估计平均广告投放额（期末在"市场部—市场报告—广告投放或广告效应"可以查询到各公司的投放额，据此预测下季度某产品的广告投放总额，例如 50 000 元；根据广告评价总分（例如品质型为 25 分），便可算出广告投放平均产出比为"2000 元∶1 分"（广告投放平均产出比=广告投放总额∶总分），即投入 2000 元广告可赢得 1 分。注意：广告有累积效应。

（一）品质型产品广告

（1）案例 1——第 1 季度品质型产品广告的评分（表 8-18）。

表 8-18　A 场对抗第 1 季度品质型产品广告的评分

广告投入(元)	10000	8001	7000	5500	5000	5000	3415	0
得分(分)	5.69	4.55	3.98	3.13	2.85	2.85	1.94	0.00
投入产出比(元/分)	1757	1757	1757	1757	1757	1757	1757	0

说明：共有 7 款产品参与抢分（共 25 分），从各小组广告投入与得分情况看，广告投入产出比为"1757 元∶1 分"。尽管投入的广告多，但由于参与品牌少，竞争不算很激烈。

(2) 案例2——第1季度品质型产品广告的评分(表8-19)。

表8-19　B场对抗第1季度品质型产品广告的评分

广告投入(元)	11000	8000	8000	7001	7000	6000	6000	5000	5000
得分(分)	4.365	3.175	3.175	2.778	2.778	2.381	2.381	1.984	1.984
投入产出比(元/分)	2520	2520	2520	2520	2520	2520	2520	2520	2520

说明：共有9款产品参与抢分(总分25分)，从各小组广告投入与得分情况看，广告投入2520元才换取1分，说明参与的品牌越多，要付出的代价越大。当然，得分更与竞争对手广告投放多少相关，如果其他小组广告投放额都很小，自己多投放一些就可以赢取更多的分数。

(二)经济型产品广告

(1) 案例1——第1季度经济型产品广告的评分(表8-20)。

表8-20　A场对抗第1季度经济型产品广告的评分

广告投入(元)	6000	5001	4000	3000	3000	2500	2000	0
得分(分)	3.53	2.94	2.35	1.76	1.76	1.47	1.18	0.00
投入产出比(元/分)	1700	1700	1700	1700	1700	1700	1700	0

说明：共有7款产品参与抢分(共15分)，从各小组广告投入与得分情况看，广告投入1700元才换取1分，竞争性略小一点。

(2) 案例2——第1季度经济型产品广告的评分(表8-21)。

表8-21　B场对抗第1季度经济型产品广告的评分

投入(元)	7000	6000	5200	5001	5000	4000	3000	3000	2000	1006
得分(分)	2.548	2.184	1.893	1.820	1.820	1.456	1.092	1.092	0.728	0.366
投入产出比(元/分)	2747	2747	2747	2747	2747	2747	2747	2747	2747	2747

说明：共有10款产品参与抢分(共15分)，从各小组广告投入与得分情况看，广告投入2747元才换取1分，竞争十分激烈。

(三)实惠型产品广告

(1)案例1——第1季度实惠型产品广告的评分(表8-22)。

表8-22　A场对抗第1季度实惠型产品广告的评分

广告投入(元)	10000	7000	5000	3121	3000	2000	2000	0
得分(分)	3.11	2.18	1.56	0.97	0.93	0.62	0.62	0.00
投入产出比(元/分)	3212	3212	3212	3212	3212	3212	3212	0

说明：共有 7 款产品参与抢分(共 10 分)，从各小组广告投入与得分情况看，广告投入 3212 元才换取 1 分，竞争最为激烈，代价最大。主要因为大家投入都比较多，而总分又比较少，这有点不正常。

(2)案例2——第1季度实惠型产品广告的评分(表8-23)。

表8-23　B场对抗第1季度实惠型产品广告的评分

广告投入(元)	6000	5000	4301	3001	2200	2000	2000	1000	1000
得分(分)	2.264	1.887	1.623	1.132	0.830	0.755	0.755	0.377	0.377
投入产出比(元/分)	2650	2650	2650	2650	2650	2650	2650	2650	2650

说明：

① 共有9款产品参与抢分(共10分)，虽然参与抢分的品牌数量增加了，但广告投放金额总体上比前一个班级的少，所以广告投入 2650 元即换取 1 分，代价相对前一个班级小一些，但还是不太正常。

② 假设实惠型产品广告多投放 4000 元可以多赢得 1.5 分，前面产品报价中降低 10 元可多赢得 1.5 分，哪种策略性价比更高？假定 1.5 分相当于 70 件产品订单，以广告投放方式取得的总代价是 4000 元，但可以在多个市场上赢得多个 70 件，以降价方式取得，总代价是"总销量×10 元"，实际代价可能远远不止 4000 元。所以，如果只是在一个市场竞争，降价方式好于广告方式；如果是在多个市场竞争，广告方式好于降价方式。

五、销售能力对产品评价的影响

销售能力对竞单评分的影响也是比较直接的，某款产品销售能力得分=该公司在该市场安排的销售人员数×(销售能力总分÷该市场销售人员总数)。

注：销售人员的数量可以在销售部—销售报告中查询。

（一）品质型产品销售能力

(1)案例1——第1季度品质型产品销售能力的得分(表8-24)。

表8-24　A场对抗第1季度品质型产品销售能力的评分

销售人员(人)	3	3	2	1	1	1	1	1
得分(分)	2.31	2.31	1.54	0.77	0.77	0.77	0.77	0.77

说明：

① 共有 8 款产品、13 个销售人员参与抢分，品质型顾客给销售能力的总分是 10 分，平均每个销售人员得 0.77 分。

② 假设品质型产品广告投放 2500 元赢得 1 分，而销售人员要多安排 1.3 个(约 6000 元工资保险费)才能赢得 1 分，哪种策略性价比更高？一份广告可以在 5 个市场发挥作用，一个销售人员可以在 6 款产品中发挥作用。这个时候要判断谁的性价比更高，就要分析是广告竞争激烈还是销售人员竞争激烈。

(2)案例2——第1季度品质型产品销售能力的得分(表8-25)。

表8-25　A场对抗第2季度品质型产品销售能力的评分

销售人员(人)	2	2	2	1	1	1	1	1	1	1	1
得分(分)	1.25	1.22	1.22	0.64	0.64	0.64	0.64	0.64	0.64	0.61	0.61	0.61

说明：共有 13 款产品、16 个销售人员参与抢分，品质型顾客给销售能力的总分是 10 分，平均每安排 1 个销售人员得 0.625 分。以上相同销售人员却不同分数是因为第 1 季度开展培训带来的变化，在目前这种竞争状态下 1 次培训(500 元)约换取 0.03 分，从抢分的角度看培训似乎并不划算。

（二）经济型产品销售能力

(1)案例1——第1季度经济型产品销售能力的得分(表8-26)。

表8-26　A场对抗第1季度经济型产品销售能力的评分表

销售人员(人)	3	3	2	1	1	1	1	1
得分(分)	4.29	4.29	2.86	1.43	1.43	1.43	1.43	1.43

说明：共有 9 款产品、14 个销售人员参与抢分，经济型顾客给销售能力的总分是 20 分，平均每安排 1 个销售人员得 1.43 分。

(2)案例 2——第 2 季度经济型产品销售能力的得分(表 8-27)。

表 8-27　A 场对抗第 2 季度经济型产品销售能力的评分表

人员(人)	2	2	2	1	1	1	1	1	1	1	1	1	1
得分(分)	2.454	2.454	1.288	1.288	1.288	1.288	1.288	1.288	1.227	1.227	1.227	1.227	1.227

说明：共有 13 款产品、16 个销售人员参与抢分，经济型顾客给销售能力的总分是 20 分，平均每安排 1 个销售人员得 1.25 分，以上相同销售人员却不同分数是因为第 1 季度开展培训带来的变化，在目前这种竞争状态下 1 次培训(500 元)约换取 0.06 分。

(三)实惠型产品销售能力

(1)案例 1——第 1 季度实惠型产品销售能力的得分(表 8-28)。

表 8-28　A 场对抗第 1 季度实惠型产品销售能力的评分表

销售人员(人)	3	3	3	2	1	1	1	1	1
得分(分)	1.875	1.875	1.875	1.25	0.625	0.625	0.625	0.625	0.625

说明：共有 9 款、16 个销售人员参与抢分，实惠型顾客给销售能力的总分是 10 分，平均每安排 1 个销售人员得 0.625 分。

(2)案例 2——第 2 季度实惠型产品销售能力的得分(表 8-29)。

表 8-29　A 场对抗第 2 季度实惠型产品销售能力的评分表

人员(人)	2	2	2	2	1	1	1	1	1	1	1	1	1
得分(分)	1.18	1.18	1.18	1.15	0.605	0.605	0.605	0.605	0.576	0.576	0.576	0.576	0.576

说明：共有 13 款产品、17 个销售人员参与抢分，实惠型顾客给销售能力的总分是 10 分，平均每安排 1 个销售人员得 0.588 分，以上相同销售人员却不同分数是因为第 1 季度开展培训所带来的变化。

六、产品口碑对产品评价的影响

产品口碑是既成的历史事实，企业在决策上没有太多的作为，但我们也应该了解它对产品评价是如何产生影响的。

某产品口碑得分=(该产品上季度销售量÷市场总销售量)×10(分)

(一)品质型产品口碑

案例——第1季度品质型产品口碑的得分(表8-30)。

表8-30　A场对抗第1季度品质型产品口碑的评分

销量(件)	461	406	381	383	357	367	357	329	274
第1季度品质型产品市场总销量为3315件									
应得(分)	1.391	1.225	1.149	1.155	1.077	1.107	1.077	0.992	0.827
实得(分)	1.323	1.255	1.168	1.159	1.130	1.122	1.098	1.009	0.735

说明：共有9款产品参与竞争(总分10分)，销量为274件的产品实得分低于应得分是因为其出现了违约(应交货275件，实交货274件)的状况，而实得分较高的产品主要是因为交货率高，没有出现违约。

(二)经济型产品口碑

案例——第2季度经济型产品口碑的得分(表8-31)。

表8-31　A场对抗第2季度经济型产品口碑的评分

销量(件)	546	544	516	454	422	416	398	384	377	357
第2季度经济型产品市场总销量=4414件										
应得(分)	1.237	1.232	1.169	1.029	0.956	0.942	0.902	0.870	0.854	0.809
实得(分)	1.237	1.233	1.169	1.029	0.956	0.943	0.902	0.868	0.854	0.809

说明：共有10款产品参与竞争(总分10分)，销量=384件的产品因为出现违约(应交货385件，实交货384件)被适当扣分。

(三)实惠型产品口碑

案例——第2季度实惠型产品口碑的得分(表8-32)。

表8-32　A场对抗第2季度实惠型产品口碑的评分

销量(件)	659	649	624	613	500	500	500	450	440	441
第2季度实惠型产品市场总销量=5376件										
应得(分)	1.226	1.207	1.161	1.140	0.930	0.930	0.930	0.837	0.818	0.820
实得(分)	1.238	1.219	1.172	1.151	0.939	0.939	0.939	0.845	0.827	0.731

说明：共有10款产品参与竞争(总分10分)，销量=441件的产品因为出现违约(应交货500件，实交货441件)的状况被扣分。

作业：学生可以尝试制作一个产品评价的测算工具(Excel表)。

第九章 实操案例

下面提供几个实操案例供大家参考(仅 1~2 季度的运营方案)。

一、A 公司的实操案例

表 9-1　A 公司 1~2 季度的历史决策

第 1 季度决策历史	备注	第 2 季度决策历史	备注
1. 申请一笔短期借款		1. 申请一笔短期借款	第 1 季度净利 −288 205.31，600 000− 288 206 −130 000= 181 794
申请前现金余量：587 000		申请前现金余量：171 443.52	
申请的借款金额：130 000		申请的借款金额：181 794	
扣除借款利息：6500		扣除借款利息：9089.70	
借款后现金余量：710 500		借款后现金余量：344 147.82	
2. 租用中型厂房+小型厂房			
3. 2 柔性+4 手工起步		3. 增加 1 条柔性线	
4. 招聘 4 个工人		4. 招聘工人：4 名	2 柔性/8 工人
5. 招聘 2 个销售人员(北京)		5. 招聘销售：2 名(上海)	
6. 开发：上海、广州、武汉、成都		6. 开发：广州、武汉、成都	
7. 签订合同		7. 签订合同	
8. 设计与研发		8. 设计与研发	
实惠 1=玻璃+短平+PP 实惠 2=玻璃+短平+PP+发声 经济 1=纸质+短平+PP 品质 1=玻璃+短平+PP+发声 品质 2=金属+玫瑰+PP+发声+发光		经济 2=玻璃+短平+PP+发声	
9. 原料采购、预订		9. 原料采购、预订	
玻璃=1300 纸质=501 短平绒=1680 PP 棉=1680 发声=850(紧张采购) 金属=501(预订) 发光=501(预订) 发声=2100(预订)	与投产量吻合得很好	2. 资质认证：ISO9001	第 4 季度上海和北京的品质型开始对 ISO9000 有要求

续表

第1季度决策历史	备注	第2季度决策历史	备注
10. 生产制造		10. 生产制造	
实惠1=450个（产出315） 实惠2=400个（产出280） 经济1=380个（产出266） 品质1=450个（产出315）	为什么不充分利用产能？是均为资金约束吗？	实惠1=900（产出810） 实惠2=550（产出495） 经济1=250+350(产出540) 经济2=400（产出360） 品质1=650（产出585） 品质2=500（产出450）	设计产能= 2×1800=3600 投产量=3600
11. 预售4条手工线和退租小厂房		11. 升级1条生产线，培训4个工人	
12. 广告投入		12. 广告投入	
实惠1=4000.00 实惠2=0.00 经济1=8500.00 品质1=18 827.00	广告扣除后现金余量：0.10	实惠1=8000 实惠2=0 经济1=11 000 经济2=0 品质1=25 455 品质2=0	扣除后现金余量：0.07
13. 产品报价		13. 产品报价	
实惠1=90 实惠2=90 经济1=120元 品质1=150元	均按最高价报价，实惠1的广告折成降价会不会好点？	北京　　　　上海 实惠1=95　　实惠1=100 实惠2=95　　实惠2=100 经济1=118　经济1=118 经济2=118　经济2=118 品质1=145　品质1=160 品质2=145　品质2=160	全部按最高定价合理吗？
14. 获得订单		14. 获得订单	
实惠1=279　　库存36 实惠2=259　　库存21 经济1=242　　库存24 品质1=267　　库存48	实惠均量456，经济均量368，品质均量276	北京　　　上海　　　合计 实惠1=295 实惠1=242 实惠1=567 实惠2=253 实惠2=208 实惠2=461 经济1=204 经济1=275 经济1=479 经济2=125 经济2=167 经济2=392 品质1=158 品质1=302 品质1=460 品质2=118 品质2=226 品质2=344	实惠超过平均水平，经济符合平均水平，品质略低平均水平
15. 交单		15. 交单	
品质型的款要第2季度才能收到现金		交单后现金：220 774.39	
16. 预售4条手工线资金回笼			
17. 支付期末费用后现金：182 605		17. 支付期末费用后现金：125 428	
——第2季度		——第3季度	
18. 应收账款：46 858 到期		18. 应收账款：45 421 到期	
19. 应付账款：22 310 到期		19. 应付账款：432 179 到期	
结算后现金余量：207 153		结算后现金余量：127 632.65	
20. 支付税金、办公室租金		20. 支付税金、办公室租金	
21. 预订原料到货，支付采购款		21. 预订原料到货，支付采购款	
22. 第2季度初现金：171 443.52		22. 第3季度初现金：57 656.52	

二、B 公司的实操案例

表 9-2　B 公司 1～2 季度的历史决策

第 1 季度决策历史	备注	第 2 季度决策历史	备注
1. 申请一笔短期借款		1. 申请一笔短期借款	第 1 季度净利 −286 978，600 000−288 206−135 000=178 022
申请前现金余量：587 000		申请前现金余量：171 825.77	
申请的借款金额：135 000		申请的借款金额：178 022.00	
扣除借款利息：6750		扣除借款利息：8 901.10	
借款后现金余量：715 250		借款后现金余量：340 946.67	
2. 租用中型厂房+小型厂房			
3. 2 柔性+4 手工起步		3. 没有增加生产线	
4. 招聘 4 个工人	为什么不招 8 个工人？	4. 招聘工人：4 名	2 柔性/8 工人
5. 招聘 2 个销售人员(北京)		5. 招聘销售：3 名(上海)	
6. 开发：上海、广州、武汉、成都		6. 开发：广州、武汉、成都	
7. 签订合同　工人开始培训	与前面队伍区别	7. 签订合同　培训 8 个工人	
8. 设计与研发		8. 设计与研发	
实惠 1=玻璃+短平+PP 实惠 2=玻璃+短平+PP+发声 经济 1=纸质+短平+PP 品质 1=玻璃+短平+PP+发声 品质 2=金属+玫瑰+PP+发声+发光		经济 2=玻璃+短平+PP+发声	
9. 原料采购、预订		9. 原料采购、预订	
玻璃=1501 纸质=501 短平绒=2001 PP 棉=2001 金属=501(预订) 发光=501(预订) 发声=2200+850(预订) 发声=850(紧张采购)	已经考虑到了折扣批量 该公司不懂得发声装置需要紧急采购，紧急采购后也不知道取消预订	2. 资质认证：ISO9001	第 4 季度上海和北京的品质型开始对 ISO9000 有要求
10. 生产制造		10. 生产制造	
实惠 1=450 个　(产出 315) 实惠 2=450 个　(产出 315) 经济 1=450 个　(产出 315) 品质 1=400 个　(产出 280)	为什么不充分利用产能？是均为资金约束吗	实惠 1=750　　(产出 675) 实惠 2=600　　(产出 540) 经济 1=500+350　(产出 765) 经济 2=450　　(产出 405) 品质 1=500　　(产出 450) 品质 2=500　　(产出 450)	设计产能=2× 1800=3600 投产量=3650 (50 是工人培训增加的)
11. 预售 4 条手工线和退租小厂房		/	

续表

第1季度决策历史	备注	第2季度决策历史	备注
12. 广告投入		12. 广告投入	
实惠1=4001 实惠2=3001 经济1=11 001 品质1=13 891		实惠1=10 000 实惠2=0 经济1=29 000 经济2=0 品质1=5000 品质2=0	怎么才能实惠型广告投放多，而品质型广告投放少 广告后现金 0.34
13. 产品报价		13. 产品报价	
实惠1=90 实惠2=90 经济1=120元 品质1=150元	均按最高价报价，实惠1的广告折成降价会不会好点？	北京　　　上海 实惠1=95　实惠1=100 实惠2=95　实惠2=100 经济1=118　经济1=118 经济2=118　经济2=118 品质1=145　品质1=160 品质2=145　品质1=160	全部按最高定价合理吗
14. 获得订单		14. 获得订单	
实惠1=279　库存36 实惠2=292　库存23 经济1=259　库存56 品质1=247　库存33	实惠均量 456 经济均量 368 品质均量 276	北京　　　上海　　　合计 实惠1=307 实惠1=260 实惠1=567 实惠2=266 实惠2=228 实惠2=494 经济1=277 经济1=390 经济1=667 经济2=125 经济2=183 经济2=308 品质1=112 品质1=218 品质1=330 品质2=118 品质1=236 品质2=354	实惠超过平均水平 经济略超平均水平 品质低于平均水平
15. 交单		15. 交单	
品质型的款要第2季度才能收到现金		交单后现金：227 786.47	
16. 预售4条手工线资金回笼	不用折旧		
17. 支付期末费用后现金：188 195		17. 支付期末费用后现金:126 494.47	
——第2季度		——第3季度	
18. 应收账款：到期		18. 应收账款：到期	
19. 应付账款：到期		19. 应付账款: 到期	
结算后现金余量:207 398.93		结算后现金余量:	
20. 支付税金、办公室租金		20. 支付税金、办公室租金	
21. 预订原料到货，支付采购款		21. 预订原料到货，支付采购款	
22. 第2季度初现金：171 825.77		22. 第3季度初现金：65 111.42	

三、C公司的实操案例

表9-3　C公司1～2季度的历史决策

第1季度决策历史	备注	第2季度决策历史	备注
1. 申请一笔短期借款		1. 申请一笔短期借款	

第九章 实 操 案 例

续表

第1季度决策历史	备注	第2季度决策历史	备注
申请前现金余量：587 000		申请前现金余量：124 889.73	第1季度净利 −249 540，600 000−249 540−163 000=187 460
申请的借款金额：163 000		申请的借款金额：187 460	
扣除借款利息：8150		扣除借款利息：9373	
借款后现金余量：741 850		借款后现金余量：302 976.88	
2. 租用中型厂房+小型厂房		2. 资质认证：ISO9001	第4季度要需求
3. 3柔性+3手工起步		3. 没有增加生产线	
4. 招聘3个工人	为什么不招6个工人	4. 招聘工人：9名	3柔性/12工人
5. 招聘1个销售人员	北京：1人	5. 招聘销售：4名	北京2、上海3
6. 开发：上海、广州、武汉	仅运行4个季度	6. 开发：广州、武汉	
7. 签订合同		7. 签订合同	
8. 设计与研发		8. 设计与研发	
实惠1=玻璃+短平+PP+发声 经济1=玻璃+短平+PP+发声 品质1=玻璃+短平+PP+发声 品质2=金属+玫瑰+PP+发声+发光		实惠2=玻璃+短平+PP 经济2=纸质+短平+PP	
9. 原料采购、预订		9. 原料采购、预订	
10. 生产制造		10. 生产制造	
实惠1=410个(产出287) 经济1=360个(产出252) 品质1=450个(产出315)	为什么不充分利用产能？是资金约束吗	实惠1=770　　(产出693) 实惠2=460+1270(产出1557) 经济1=660个　(产出594) 经济2=530　　(产出477) 品质1=370+800(产出1053) 品质2=540　　(产出486)	产能是×1800=5400 投产量=5400 实惠2产量如何大
11. 预售3条手工线和退租小厂房			
12. 广告投入		12. 广告投入	
实惠1=6000.00 经济1=12 000.00 品质1=21 224.00		实惠1=0.00 实惠2=10 000.00 经济1=0.00 经济2=21 821.00 品质1=52 000.00 品质2=0.00	怎么才能实惠型广告投放多，而品质型广告投放少 广告后现金0.34
13. 产品报价		13. 产品报价	
实惠1=90 实惠2=90 经济1=120元 品质1=150元	均按最高价报价，实惠1的广告折成降价会不会好点	北京　　　上海 实惠1=95　　实惠1=100 实惠2=95　　实惠2=100 经济1=118　经济1=118 经济2=118　经济2=118 品质1=145　品质1=160 品质2=145　品质1=160	全部按最高定价合理吗

127

续表

第1季度决策历史	备注	第2季度决策历史	备注
14．获得订单		14．获得订单	
实惠 1=271 经济 1=228 品质 1=300	实惠均量 456 经济均量 368 品质均量 276 广告投放虽多，但因为产品少，订单量不算多	北京　　上海　　合计 实惠 1=256 实惠 1=216 实惠 1=472 实惠 2=237 实惠 2=198 实惠 2=435 经济 1=166 经济 1=237 经济 1=403 经济 2=180 经济 2=254 经济 2=434 品质 1=217 品质 1=429 品质 1=646 品质 2=147 品质 2=286 品质 2=433	实惠 2 库存量大
15．交单		15．交单	
品质型的款要第 2 季度才能收到现金		交单后现金：256 433	
16．预售 3 条手工线资金回笼	不用折旧		
17．支付期末费用后现金：27 248		17．支付期末费用后现金:128 489	
——第 2 季度		——第 3 季度	
18．应收账款:到期		18．应收账款:到期	
19．应付账款:到期		19．应付账款:到期	
结算后现金余量:161 341.77		结算后现金余量:	
20．支付税金、办公室租金		20．支付税金、办公室租金	
21．预订原料到货、支付采购款		21．预订原料到货、支付采购款	
22．第 2 季度初现金：124 889.73		22．第 3 季度初现金：41 548.38	

参 考 文 献

[1] 《创业之星》指导手册——教师配置手册，http://www.monilab.com.

[2] 《创业之星》指导手册——学生操作手册，http://www.monilab.com.

[3] 《创业之星——挑战杯专项竞赛平台》常见问题汇总，http://www.monilab.com.

[4] 张林格，冯振环，王浩波. 企业运营管理[M]. 首都经济贸易大学出版社，2006.

[5] (美)威廉·史蒂文森，(中)张群，张杰，马风才. 运营管理[M]. 北京：机械工业出版社，2012.

[6] 中国注册会计师协会. 公司战略与风险管理[M]. 经济科学出版社，2009.

后 语

本书是广西财经学院劳本信教授等多名老师多年企业运营管理综合实验教学工作经验的结晶。它是一本能够反映国内创业教育和企业运营管理综合实验发展趋势，体现"综合性、针对性、实用性"的应用型教材。本书有如下几点特色。

综合性：将创业与企业运营管理结合起来，综合运用企业战略管理、市场营销、生产运作管理、人力资源管理、成本核算、财务管理等方面的知识与技术解决实际问题。

针对性：基于"创业之星"实验平台，详细地介绍企业运营方案(创业计划书)的编制过程、运营管理实操方法和经营绩效分析方法，并指出重点难点，全程强调"计划"这个管理之首要职能在创业与运营管理中的重要地位。

实用性：本书介绍的企业运营方案编制方法和运营管理决策过程不仅对学生参加"学创杯"大学生创业综合模拟大赛具有参考作用，而且对学生将来从事创业或企业管理工作，均具有较强的实践指导意义。